Comunicación y colaboración con herramientas digitales. Nivel avanzado. FCOI20

Almudena Carmona Ruiz

Comunicación y colaboración con herramientas digitales. Nivel avanzado. FCOI20
© Almudena Carmona Ruiz

1ª Edición

© IC Editorial, 2025

Editado por: IC Editorial
c/ Cueva de Viera, 2, Local 3
Centro Negocios CADI
29200 Antequera (Málaga)
Teléfono: 952 70 60 04
Fax: 952 84 55 03
Correo electrónico: iceditorial@iceditorial.com
Internet: www.iceditorial.com

ISBN: 978-84-1184-684-4
Depósito Legal: MA 491-2025

Impresión: PODiPrint
Impreso en Andalucía – España

Nota de la editorial: IC Editorial pertenece a Innovación y Cualificación S. L.

Especialidad formativa

Se entiende por especialidad formativa la agrupación de contenidos, competencias profesionales y especificaciones técnicas que responde a un conjunto de actividades de trabajo enmarcadas en una fase del proceso de producción y con funciones afines.

Las especialidades formativas de Uso General, Formación Complementaria, Formación Modular y las especialidades formativas dirigidas a la obtención de certificados de profesionalidad se incluyen en el Fichero de Especialidades del Servicio Público de Empleo Estatal para su gestión en todo el territorio nacional por cualquier Administración competente.

Las especialidades complementarias, pertenecen todas a la Familia profesional de Formación Complementaria (FCO) y tienen la consideración de formación transversal en áreas que se consideran prioritarias tanto en el marco de la Estrategia Europea para el Empleo y del Sistema Nacional de Empleo como en las directrices establecidas por la Unión Europea. Se consideran áreas prioritarias las relativas a tecnologías de la información y la comunicación, la prevención de riesgos laborales, la sensibilización en medio ambiente, la promoción de la igualdad, la orientación profesional y aquellas otras que se establezcan por la Administración competente.

Las especialidades de Certificado de profesionalidad tienen una duración especificada en su normativa reguladora.

En el resultado de la búsqueda, se muestran las unidades de competencia, todos los módulos formativos con su duración y las unidades formativas del certificado correspondiente, con su duración. Las horas del certificado, exclusivo de las especialidades de certificado de profesionalidad, con alta igual o superior a 2008, son las horas totales más las horas del módulo de Prácticas Profesionales no Laborales.

➲ **Si la especialidad tiene unidades formativas,** las horas totales, presencial, distancia, teleformación serán igual a la suma de esas horas de las unidades formativas de los distintos módulos, sin que se repita ninguna Unidad formativa.

⮠ **Si la especialidad no tiene unidades formativas,** las horas totales, presencial, distancia, teleformación serán igual a las sumas de esas horas de los módulos formativos, eliminando las horas de los módulos repetidos.

https://sede.sepe.gob.es/especialidadesformativas/RXBuscadorEFRED/
BusquedaEspecialidades.do

(Fuente: Servicio Público de Empleo Estatal)

Índice

OBJETIVOS GENERALES

Los objetivos generales del **FCOI20. Comunicación y colaboración con herramientas digitales. Nivel avanzado,** son los siguientes:

- ➲ Organizar y coordinar comunidades digitales, impulsando la conexión entre personas por el intercambio de aprendizajes, conocimientos y recursos y proponer servicios digitales para la participación ciudadana
- ➲ Aplicar estrategias avanzadas de comunicación digital y difusión según unos objetivos, ofreciendo asesoramiento a otros en la utilización de herramientas de comunicación y colaboración.
- ➲ Seleccionar y aplicar herramientas digitales colaborativas, demostrando el valor que tienen para innovar y mejorar la participación en entornos digitales.
- ➲ Desarrollar proyectos de cultura digital y tecnológicos de interés social, promoviendo la participación ciudadana y facilitando la democracia en red.

Estrategias avanzadas en la interacción y compartición de información y contenidos digitales

Contenido

1. Introducción
2. Utilización de herramientas de comunicación digital en función del contexto
3. Gestión eficaz de comunidades digitales de personas
4. Planificación de una comunicación o difusión digital
5. Desarrollo de la difusión de información y contenidos: cura de contenidos
6. Resumen

Objetivos

El objetivo general de esta Unidad de Aprendizaje es:

→ Aplicar estrategias avanzadas de comunicación digital y difusión según unos objetivos, ofreciendo asesoramiento a otros en la utilización de herramientas de comunicación y colaboración.

Los objetivos específicos de esta Unidad de Aprendizaje son:

→ Identificar las herramientas de comunicación digital en función del contexto.

→ Analizar la gestión de las comunidades digitales.

→ Identificar los objetivos de planificación de una comunicación o difusión digital.

→ Analizar el desarrollo y la difusión de contenidos.

1. Introducción

Gracias a las nuevas tecnologías de la información y las comunicaciones, la forma en la que los seres humanos nos relacionamos ha cambiado, tanto desde una perspectiva social, como empresarial, ya que, actualmente, en torno, al 65 % de la población utiliza internet.

Debido a esto, es necesario que las empresas e individuos sean capaces de intercambiar información y conocimientos mediante los dispositivos electrónicos, surgiendo lo que se conoce como comunicación digital.

La comunicación digital es el tipo de comunicación que se realiza utilizando Tecnologías de la Información y Comunicación (TIC), constituyéndose, en los últimos años, como una herramienta de *marketing* bastante fuerte.

Por su parte, la información que se muestra mediante el entorno digital se denomina contenido digital, que se transmite mediante páginas webs, redes sociales o cualquier medio que utilice internet.

Para conocer la importancia que adquieren las estrategias en la interacción y compartición de información y contenidos digitales vamos a centrarnos en el caso de la empresa AUTOTIC, S. L. dedicada a la fabricación y comercialización de vehículos de alta gama, donde se analizará la importancia de la comunicación y el contenido digital para llegar a los consumidor.

2. Utilización de herramientas de comunicación digital en función del contexto

☞ **HILO CONDUCTOR**

El departamento de *marketing* de la empresa AUTOTIC S. L. debe lanzar nueva estrategia de *marketing* para dar a conocer el último modelo de un automóvil eléctrico. Para dirigirse con seguridad a su público objetivo debe establecer las herramientas de comunicación digital que le permitan fidelidad a sus clientes y mantenerlos.

Se conoce como **comunicación digital** cuando se intercambia información utilizando un medio digital, donde se emplea tanto la escritura como la imagen visual para transmitir los conocimientos.

El avance de la tecnología ha permitido crear nuevas formas de comunicación a través de redes sociales y sitios webs.

Gracias a la tecnología, la forma de comunicarse entre personas de todas partes del planeta se consigue de una forma sencilla y rápida, mediante la utilización de programas o *softwares* conectados a los dispositivos como teléfonos, ordenadores o tabletas, que son instrumentos utilizados a diario. Esto permite que las empresas puedan crecer y desarrollar proyectos que, de otra forma, no sería posible.

Gracias a la comunicación digital se ha conseguido:

- **Acabar con las barreras geográficas.** Gracias a internet y a los avances tecnológicos es posible comunicarse con personas que se encuentran en diferentes puntos de la geografía en tiempo real, sin necesidad de que se encuentren en el mismo espacio físico, gracias a las videollamadas.
- **Relaciones rápidas y eficaces.** Se permite tener comunicaciones con personas de todos los lugares y ámbitos de forma fluida.
- **Multitud de transferencia de datos.** Se ha conseguido una gran afluencia de datos multimedia mediante diferentes formatos que permiten la comunicación, como los vídeos, imágenes, audios, chats, llamadas en directo, etc.
- **Menores gastos.** Comunicarse digitalmente permite ahorrar a la hora de intercambiar información y enviar mensajes entre países, ya que, tradicionalmente, las noticias llegaban a través de correo ordinario o prensa escrita, pero esto se está sustituyendo por medios digitales que permiten estar informados en el momento a precios bajos e, incluso, gratuitos.
- **Multitud de herramientas.** Existen muchas herramientas digitales que permiten administrar, gestionar y coordinar las diferentes tareas de los equipos de las empresas, lo que hace que la atención a los clientes sea más eficiente y se aproveche mejor el tiempo.
- **Impulsar la imagen de las empresas.** Trabajar con herramientas digitales permite dar a conocer a la empresa o entidad, lo que provoca una mayor repercusión de esta en la sociedad impulsando su imagen.

En la actualidad en la que vivimos, la comunicación digital evoluciona por entornos complejos, ya que los usuarios de internet se pueden relacionar mediante diferentes canales, a la vez y en tiempo real. Por lo que la comunicación digital se puede entender como:

La comunicación digital permite estar conectados e intercambiar opiniones con una empresa o una determinada marca, lo que ha generado muchos beneficios para los negocios.

NOTA

Contar con un plan de comunicación digital eficaz, donde se determinen los objetivos que se quieren conseguir y se conozca al público que se quiere llegar, permite a la empresa mejorar su rentabilidad.

Como ejemplo de medios de comunicación digitales más utilizados y conocidos a nivel mundial están:

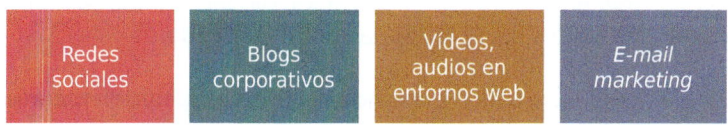

Gracias a la tecnología contamos con diferentes herramientas de comunicación para poder relacionarnos con amigos, familiares y en el entorno empresarial, lo que ha creado nuevas estrategias de *marketing*.

Posicionarse en el entorno web es muy importante, para ello es fundamental desarrollar estrategias digitales enfocadas al público objetivo para que estén informados y se puedan comunicar en todo momento con la empresa, lo que será un pilar esencial del plan de marketing digital.

2.1. *Marketing* digital y comunicación digital

No se debe confundir el *marketing* digital con la comunicación digital.

El entorno digital es uno de los sectores de mayor auge en la actualidad, ya que para tener información de cualquier sector solo basta con entrar en internet, incluso desde un dispositivo móvil, y buscar lo que se desee, por ese motivo, una empresa debe saber que desarrollar una estrategia de ventas sin tener en cuenta la comunicación digital no tiene sentido, si se quiere que el producto o servicio llegue a los consumidores.

Sin embargo, no se debe confundir estrategia digital con **marketing digital:**

Comunicación digital	Mediante esta información se busca fidelizar y mantener a los clientes. Mediante la comunicación digital se desarrollará la estrategia de publicidad, promoción e información, así como un incremento del consumo del producto o servicio a comercializar.
Marketing digital	Es la estrategia comercial o de publicidad que se desarrolla mediante internet, es decir, busca llegar a la audiencia o público objetivo a través de internet. Se consigue analizando el mercado e identificando las oportunidades de venta.

La **comunicación digital** permite:

- Inmediatez en la comunicación
- Fácil acceso
- Obtener gran cantidad de información
- Medir resultados y reducir costes
- Comunicación con el cliente de forma directa
- Resolver las quejas de forma rápida
- Tener más visibilidad y presencia de marca

 ACTIVIDAD COMPLEMENTARIA

1. Busca información y analiza cómo se relacionan el *marketing* y la comunicación digital.

Características y formatos de cada herramienta

Una estrategia de comunicación digital es aquella que, eligiendo la herramienta adecuada, se desarrolla en internet y entra dentro del **plan de *marketing*** de la empresa.

Para que la estrategia de comunicación digital sea positiva y resulte rentable, se deben seguir los siguientes pasos:

- **Paso 1:** analizar la situación de la empresa: Debilidades, Amenazas, Fortalezas y Oportunidades (DAFO).
- **Paso 2:** determinar los objetivos.
- **Paso 3:** fijar el presupuesto de *marketing*.
- **Paso 4:** tener claro el mensaje que se va a transmitir.
- **Paso 5:** elegir los canales o herramientas de comunicación adecuados.
- **Paso 6:** evaluar los resultados.

Con independencia del sector al que se pertenezca (educación, sanidad, alimentación, alojamientos, artes gráficas, música, empresarial, etc.) el objetivo que se tiene es el mismo, llegar al público que se encuentra en internet, por lo que hay que buscar el medio o la herramienta que permita conseguir esta meta.

IMPORTANTE

La estrategia de comunicación digital que se defina va encaminada a atraer a una audiencia determinada, mejorar la imagen de una marca, así como su presencia en internet.

En este sentido, las herramientas más utilizadas para conseguirlo son:

Página web y/o blog	Redes sociales	Vídeos	*Newsletter*	Pódcast

Página web y/o blog

Una página web o un blog es una herramienta que permite relacionarse con el público objetivo de forma directa, ya que se puede ofrecer contenidos de interés para ellos, es decir, se transmite el contenido que cada uno quiere y el que el usuario desea ver.

Además de crear contenido, mediante una web o un blog se atraen usuarios bajo una identidad digital que permite crear una reputación y conectar con el público, por lo que es una buena opción para adquirir contactos y mejorar el posicionamiento en internet.

Una página web, al igual que un blog, permite a las empresas transmitir información sobre sus productos y servicios e, incluso sobre ella misma, además de vender directamente lo que ofrece.

Redes sociales

Las redes sociales permiten comunicarse tanto de forma profesional como social con familiares y amigos de forma rápida. Esto ha convertido a esta herramienta en un elemento esencial para el desarrollo de estrategias de *marketing*.

Las redes sociales son una herramienta de comunicación digital que tienen multitud de funciones para las empresas y les permiten:

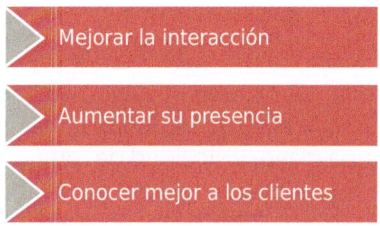

Mejorar la interacción

Aumentar su presencia

Conocer mejor a los clientes

 **IMPORTANTE**

Es fundamental saber gestionar los perfiles en las redes sociales, no basta con estar por estar, hay que pensar bien qué tipo de plataforma es la adecuada, no es necesario tener presencia en todas, ello dependerá del tipo de entidad y del objetivo que se quiera alcanzar. Además, hay que crear una estrategia adecuada para saber gestionar la plataforma.

Tener presencia en redes sociales es compartir lo que al público le interesa, no consiste en hablar de uno mismo constantemente, se debe atender a lo que se dice en ellas y participa para relacionarse con la comunidad digital que se genera. Hay que atender y responder.

Redes sociales Viktollio / Shutterstock.com

Vídeos

Una de las herramientas de comunicación digital más utilizadas y más eficaces es el vídeo. Gracias al vídeo se puede atraer a un gran número de personas y conseguir una mayor visibilidad de forma directa y amena.

Mediante la imagen, voz y texto se consigue mostrar tal cual es lo que se desea hacer llegar a los individuos de forma cercana.

Los vídeos son las herramientas que más se comparten y los que permiten que se recuerden por más tiempo. Además, son baratos de crear y se pueden difundir de forma rápida.

Los formatos son diversos desde vídeos de segundos, a historias de Instagram, documentales, etc.

NOTA

Crear un vídeo requiere un esfuerzo y hay que sacarle el mayor rendimiento, por ello es importante incluirlo en cuantos más perfiles sociales mejor, para así darle mayor visibilidad.

Newsletters

En el entorno digital en el que se desarrolla el día a día se genera multitud de creación de contenidos mediante plataformas digitales y un formato que ha adquirido mucha presencia en los últimos años es la *newsletter* o boletín de noticias.

Se trata de una forma de correo que se envía de forma periódica a una lista de contactos predefinida, de forma que los usuarios se han suscrito porque están interesados en recibir la información.

Es una forma directa de llegar a los clientes, siempre que el contenido sea de su interés, ya que permite ganar confianza y posicionamiento de la empresa.

Este tipo de información es de carácter regular y permite compartir contenido o noticias de relevancia, así como posibles ofertas. Las empresas lo usan para interactuar con los clientes y comprometerlos con sus productos.

Esta herramienta se basa en lo siguiente:
- Conexión directa con el interlocutor.
- Atracción de nuevos públicos.
- Especialización y personalización del contenido.

Para que sea una herramienta de éxito será necesario:
- Que la información sea de interés para el receptor.
- Que la información sea clara y concisa.
- Establecer un cronograma de envíos y respetarlo (una vez en semana, al mes, etc.).

Pódcast

Una de las herramientas más recientes, son los pódcast, que se tratan de contenido en audio. Este tipo de contenido puede grabarse de diferentes formas, como, por ejemplo, una conversación o mediante una entrevista.

Es una herramienta fácil de utilizar, ya que solo se trata de tener una grabadora en un dispositivo digital y transmitir contenido.

Esta herramienta es como un blog de audio, el receptor puede suscribirse y escuchar cada capítulo o episodio en cualquier momento o en directo.

Los pódcast tratan temas variados y tiene como ventaja que permite libertad creativa. Existen diferentes tipos, como, por ejemplo:

Formato de entrevistas

Conversaciones entre interlocutores sobre un tema concreto

Continúa en página siguiente >>

[20]

<< Viene de página anterior

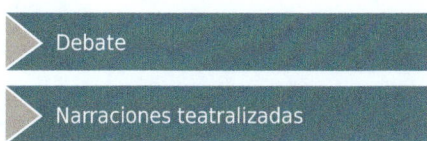

> Debate

> Narraciones teatralizadas

TAREA 1

Elena es una pequeña comerciante que se dedica a la fabricación y venta de ropa para bebes. Ha implantado una estrategia de comunicación digital y necesita conocer las diferentes herramientas que tiene a su alcance para dar a conocer sus productos y maximizar las ventas. ¿Qué herramientas le permitirán transmitir información sobre sus productos y servicios y, así, aumentar sus ventas?

2.2. Parámetros de seguridad y privacidad

La privacidad en un entorno digital es algo fundamental, al igual que internet ha ido evolucionando, los parámetros de seguridad y privacidad también lo han hecho.

Hoy en día muchos usuarios no conocen cuáles son sus derechos en materia de seguridad y privacidad de sus datos, o cómo pueden regular quién accede a su información.

Por su parte, las empresas deben conocer la normativa que regula la privacidad digital para garantizar que los datos son tratados de forma segura y así adaptarse a las exigencias que la normativa de protección de datos europea impone a todos los países miembros.

La privacidad o seguridad digital es el control que un individuo tiene sobre sus datos en internet, ya que tiene la capacidad de limitar el acceso a ellos solo a las personas o empresas que le interesen.

Para garantizar la privacidad de la información, tanto las aplicaciones como las herramientas digitales deben garantizar un mínimo de seguridad que se asienta sobre los siguientes conceptos:

La normativa sobre protección de datos hace especial referencia a la regulación de la seguridad y privacidad digital en internet. La normativa que lo regula es:

- **Reglamento (UE) 2016/679 del Parlamento Europeo y del Consejo de 27 de abril de 2016 relativo a la protección de las personas físicas en lo que respecta al tratamiento de datos personales y a la libre circulación de estos datos y por el que se deroga la Directiva 95/46/CE (Reglamento general de protección de datos).**
- **Ley Orgánica 3/2018, de 5 de diciembre, de Protección de Datos Personales y garantía de los derechos digitales.**

Esta normativa hace hincapié en la seguridad del tratamiento de datos en el entorno digital para poder garantizar la privacidad digital de los individuos. En concreto, tanto las páginas webs, blogs o redes sociales deben incorporar obligatoriamente lo siguiente:

- **Aviso legal.** En él se detallan los términos y condiciones de uso, es decir, debe aparecer el objetivo de la página o red social, su contenido y cómo funciona.
- **Política de privacidad.** Debe detallar cómo se obtienen y se tratan los datos de los usuarios. Es como un contrato donde la entidad o empresa indica el uso que se dará a la información y el usuario debe

dar su consentimiento. Esta política de privacidad debe aparecer en un lugar visible y tiene que ser aceptada por el usuario. En este texto debe aparecer:

- Qué tipo de información se va a recoger.
- Para qué y cómo se van a utilizar los datos recabados.
- Los datos de contacto de la entidad o empresa
- La posibilidad de que el usuario pueda modificar, rectificar o cancelar sus datos.

- **Política de *cookies*.** Es un texto que debe aparecer siempre que el entorno web tenga *cookies*. Por su parte, las *cookies* son como archivos de texto que se pueden instalar en el navegador y se guardan en el ordenador al utilizar determinadas páginas o sitios webs, lo que hace que se analicen las preferencias de los usuarios y que se realice un seguimiento. Esta política requiere que el usuario de su consentimiento expreso y se rige, además de por la normativa de protección de datos, por la Ley de Servicios de la Sociedad de la Información y el Comercio Electrónico (LSSI-CE).

Para garantizar la seguridad y privacidad en internet los usuarios deben:

- **No facilitar datos privados a entornos webs que no sean fiables.** Cuando una web o red social, pide muchos datos para registrarse se considera como poco fiable, ya que, por ejemplo, el DNI o la cuenta del banco solo para registrarse es excesivo y no hay necesidad.
- **Cifrar las contraseñas.** Para garantizar la seguridad y privacidad los usuarios deben tener contraseñas para poder acceder a sus cuentas.
- **Contar con antivirus y *firewall* actualizados.** Uno de los medios que se utilizan para garantizar la privacidad y seguridad de los sitios webs es la de tener el antivirus y el *firewall* actualizados, ya que estos detectan cualquier posible amenaza.

En el entorno virtual, una de las principales herramientas que requieren de parámetros de seguridad y privacidad son los ***e-mails*** o **correos electrónicos.** Este canal es usado con frecuencia por los usuarios web y puede suponer un peligro para la seguridad de los datos, ya que mediante los correos electrónicos pueden entrar virus o archivos infectados que dañan los equipos informáticos. Esto lleva consigo problemas de privacidad, como es el *spam,* prácticas, como engaños para obtener datos *(phishing)* o suplantación de identidad.

Por todo ello, es necesario establecer parámetros para proteger los correos electrónicos y que sean seguros. Además de que garanticen la privacidad de los datos, estas medidas son:

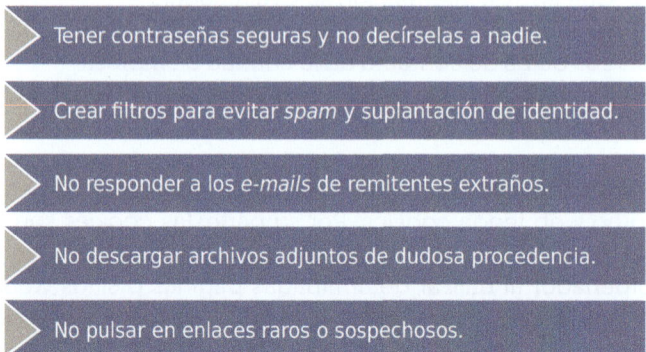

Tener contraseñas seguras y no decírselas a nadie.

Crear filtros para evitar *spam* y suplantación de identidad.

No responder a los *e-mails* de remitentes extraños.

No descargar archivos adjuntos de dudosa procedencia.

No pulsar en enlaces raros o sospechosos.

Otra herramienta de comunicación digital que ha cambiado la forma de relacionarse en internet son las redes sociales, lo que conlleva muchos riesgos para la privacidad, por lo que es necesario establecer las medidas apropiadas para utilizar estos canales sin asumir riesgos. Algunas de estas medidas son:

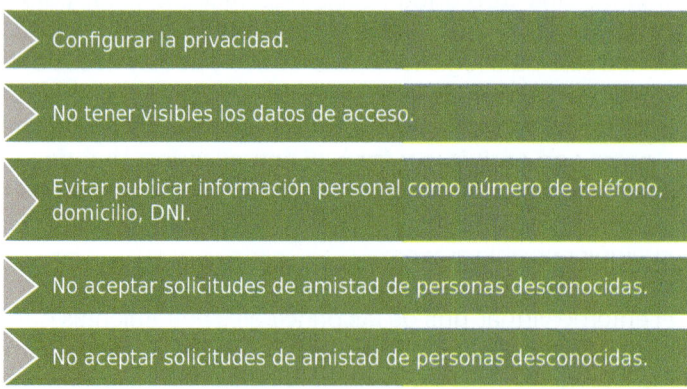

Configurar la privacidad.

No tener visibles los datos de acceso.

Evitar publicar información personal como número de teléfono, domicilio, DNI.

No aceptar solicitudes de amistad de personas desconocidas.

No aceptar solicitudes de amistad de personas desconocidas.

 ACTIVIDAD COMPLEMENTARIA

2. Busca información sobre cómo se puede configurar la privacidad en alguna de las redes sociales más utilizadas.

2.3. Funcionalidades avanzadas

Debido a la importancia de las nuevas tecnologías y ha cómo están avanzado de forma vertiginosa en todos los sectores de la vida, es importante conocer las competencias o funcionalidades digitales avanzadas, las cuales permiten tanto promover el desarrollo comercial como conseguir el éxito laboral.

 IMPORTANTE

Los usuarios de contenido digital tienen que tener competencias, habilidades para conocer las funcionalidades de las aplicaciones, *softwares*, dispositivos o redes que gestionan y administran información.

Conocer las funcionalidades digitales puede ir desde operaciones simples, como acceder a sitios webs o abrir hipervínculos, hasta las más avanzadas, como saber buscar y analizar información, saber interactuar correctamente mediante las diferentes aplicaciones o saber crear contenido digital.

En concreto, las funcionalidades avanzadas que se pueden conocer son:

- ⮑ **Análisis de datos o *big data*.** Hace referencia a los grandes datos de redes sociales y visitas a las webs, los cuales son difíciles de analizar.
- ⮑ **Posicionamiento SEO y SEM.** SEO hace referencia al posicionamiento en buscadores y SEM se refiere a la publicidad en los buscadores.
- ⮑ ***Cloud computing.*** Consiste en ofrecer recursos a gran escala a través de internet, permitiendo tener infraestructuras o aplicaciones mediante internet.
- ⮑ **Programación web.** Consiste en diseñar sitios webs mediante los lenguajes de programación.
- ⮑ **Ciberseguridad.** Es la seguridad informática que permite proteger aplicaciones, *softwares,* equipos, redes y datos en el entorno digital.

2.4. Selección de la herramienta más adecuada según el contexto

La incorporación de herramientas digitales en nuestra vida cotidiana resulta imprescindible para todos los ámbitos en los que nos relacionamos, desde el empresarial, social, educación, etc.

Las herramientas en las que se fundamentan las TIC son los programas y aplicaciones, los cuales pueden tener diferentes utilidades que permiten ahorrar recursos y tiempo, además de facilitar el trabajo e intercambiar información.

Cada sector tiene sus propias características y, aunque existen herramientas digitales que sirven para todos los ámbitos, es necesario identificar y seleccionar la herramienta más adecuada según cada contexto.

Herramientas digitales en las empresas

En la era en la que vivimos es fundamental que las organizaciones y empresas utilicen herramientas *online* para mejorar su gestión y el éxito empresarial. Hay multitud de aplicaciones y sistemas digitales que ayudan a las empresas, pero la clave está en identificar qué necesita cada negocio.

Utilizar herramientas digitales en el mundo empresarial permite:

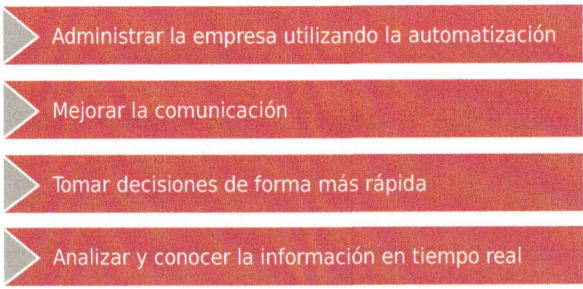

Administrar la empresa utilizando la automatización

Mejorar la comunicación

Tomar decisiones de forma más rápida

Analizar y conocer la información en tiempo real

En concreto, las herramientas digitales en el contexto de la educación son:

- **Sistema de gestión documental.** Es lo que conocemos como programas o *software* de ofimática.
- **Desarrollo de proyectos.** Existen aplicaciones que ayudan a la gestión de los proyectos donde la información relevante se incluye y donde se tratan aspectos como los recursos, gastos, tareas, el equipo, etc.
- **Comunicación entre trabajadores o responsables.** Existen aplicaciones que ayudan de forma eficiente a contralar la comunicación interna, como puede ser *Google Meet o Google Chat.*
- **Sistemas ERP.** Son sistemas de planificación de recursos empresariales que se utilizan en la administración de los diferentes procesos de una empresa, como producción logística, distribución, facturación o contabilidad.
- **Sistemas CRM.** Son sistemas de gestión de la relación con los clientes.
- **Sistemas CMS.** Son sistemas de gestión de contenidos, donde se gestiona la subida de contenidos, bien en una intranet o de un *e-commerce.*
- **Herramientas de cliente.** Son herramientas utilizadas para contactar de forma eficiente con el cliente por teléfono, *e-mail* o a través de redes sociales.
- **Herramientas para el *marketing online.*** Existen herramientas digitales que ayudan a las estrategias del *marketing online* de cualquier entidad u organización que quiera posicionarse en internet. En concreto, las herramientas que se usan para el *marketing online* se centran en potenciar el *marketing* digital destacando aspectos como el SEO, *marketing* de contenidos o de redes sociales.

Herramientas digitales en la educación

La era de las nuevas tecnologías de la información ha repercutido notablemente en el ámbito de la educación, donde tanto docentes como estudiantes tienen muchas herramientas que ayudan a acceder a información y recursos que proporcionan oportunidades de aprendizaje.

Las herramientas digitales son muy importantes en la educación y permiten:

> Acceder a la información y a los recursos educativos *online.*

> Personalizar y adaptarse al ritmo de aprendizaje de cada alumno.

Continúa en página siguiente >>

<< Viene de página anterior

Permite fomentar la creatividad en el aula.

Busca mejorar la colaboración entre estudiantes.

En concreto, las herramientas digitales en el contexto de la educación son:

Plataformas *online* para el aprendizaje

Aplicaciones educativas para el móvil

Recursos educativos como infografías, vídeos o simulaciones

Herramientas de evaluación

Herramientas digitales en sanidad

El entorno de la sanidad también se está adaptando a las nuevas tecnologías y a la era de la digitalización.

Tanto los profesionales como los pacientes necesitan que sus relaciones sean rápidas y eficaces, por ello precisan hacer uso de herramientas que les permitan alcanzarlo.

Las herramientas digitales o dispositivos que necesitan internet se integran en el contexto sanitario para que la atención a los pacientes sea más rápida y segura.

Algunas de las herramientas que existen en este ámbito son:

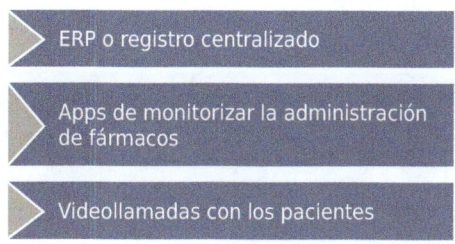

ERP o registro centralizado

Apps de monitorizar la administración de fármacos

Videollamadas con los pacientes

Es fundamental que los profesionales sigan aprendiendo y educándose y las herramientas digitales lo permiten, como, por ejemplo, las *apps* de formación y cursos *online,* o los blogs y redes sociales que hacen que se emitan publicaciones que ayudan a seguir aprendiendo.

 ACTIVIDAD COMPLEMENTARIA

3. Busca información sobre qué herramientas deberás usar si quieres vender productos en internet de forma efectiva.

3. Gestión eficaz de comunidades digitales de personas

 **HILO CONDUCTOR**

El departamento de *marketing* de la empresa AUTOTIC, S. L. ve en la gestión de comunidades digitales de personas una buena oportunidad para dar a conocer sus nuevos vehículos y llegar a más individuos. Por ello debe plantear una estrategia para gestionar de forma eficaz las comunidades digitales de personas.

Por comunidad virtual se entiende un entorno electrónico donde se comparten opiniones sobre un determinado tema y las personas se relacionan entre sí utilizando medios electrónicos.

Las comunidades digitales de personas formadas por miembros que tienen algo en común, como aficiones, hobbies, intereses, etc., en concreto, utilizan las herramientas digitales para desarrollar una actividad.

Contar con una comunidad digital es útil para tener presencia en internet y las diferentes plataformas y dar a conocerse. Por ello, son utilizadas por las empresas o grandes marcas para poder posicionarse en el mercado de forma eficaz.

En lo que respecta a las comunidades digitales de personas tienen unas características muy concretas, entre las que destacan las siguientes:

- **Sin ubicación geográfica.** En las comunidades digitales participan personas de todas las partes del mundo, es decir, de cualquier lugar sin importar la ubicación geográfica.
- **Diferentes roles.** Cada miembro de la comunidad asume un rol determinado. En este sentido, están:

  - El líder, que es el que plantea el tema y el que establece los principios por los que se rige cada comunidad.
  - Los que se ocupan de que todos los que participan mantengan el correcto funcionamiento de la comunidad y respeten las reglas establecidas.
  - Los que participan de forma activa en la comunidad, dejando claras sus opiniones o puntos de vista.
  - Los que no participan y solo se dedican a leer las diferentes participaciones, pero no dejan su opinión sobre ningún tema.

➲ **Depende de internet.** Para poder participar hay que tener conexión a internet y acceder a algún contenido digital o página web.

Por su parte, las herramientas digitales más utilizadas para crear comunidades digitales de personas son:

Redes sociales | Servicios de mensajería | Foros o blogs | Páginas wiki

En una comunidad digital de personas, estas comparten de forma *online* los mismos objetivos y desarrollan su forma de interactuar mediante un entorno web. Estas comunidades pueden ser de varios tipos como:

➲ **Sociales.** Son las que se utilizan para tener relaciones sociales entre los participantes, las más utilizadas son plataformas como *X, Facebook* o *Instagram.* Desde el punto de vista empresarial, las empresas usan estas redes sociales como difusión de sus noticias y para dar a conocer sus productos o servicios. También les sirven para ver cómo actúa la competencia.

➲ **Conocimientos.** Existen comunidades digitales cuyo objetivo es intercambiar conocimientos y que permiten aumentar el aprendizaje sobre determinados temas. Las empresas utilizan este tipo de plataformas para compartir sus avances o estudios de investigación.

➲ *Insights.* Son comunidades donde se incluyen determinados clientes que suelen tener una relación de tiempo con la empresa o la marca. De esta forma, las empresas pueden conocer las opiniones de clientes que son fieles a ellas. También pueden incluirse a socios e, incluso, a trabajadores. Este tipo de comunidad es muy ventajosa para las estrategias de *marketing.*

➲ **Asesores.** Son comunidades formadas por personas expertas en determinados temas que transmiten información de interés.

➲ **Profesionales.** Son comunidades donde se intercambian trabajos profesionales, se transmiten experiencias o consejos de interés profesional.

➲ **Interés.** En este tipo de comunidades los participantes comparten un interés determinado sobre algún tema, *hobby* o marca concreta. Son comunidades de entretenimiento.

➲ **Apoyo.** Son comunidades donde los miembros dan consejos sobre determinados productos o servicios al resto de clientes.

➲ **De la marca.** Este tipo de comunidades permite que los clientes den su testimonio en las redes sociales de la empresa a cambio de darle un premio o recompensa.

Contar con una comunidad digital de personas es de gran utilidad, por ello algunas empresas o marcas cuentan con esta fórmula en varias plataformas virtuales, de manera que les permita alcanzar sus objetivos de forma más rápida y eficaz. Pero para elegir qué tipo de comunidad es la que mejor se adapta a cada entidad, se debe tener en cuenta:

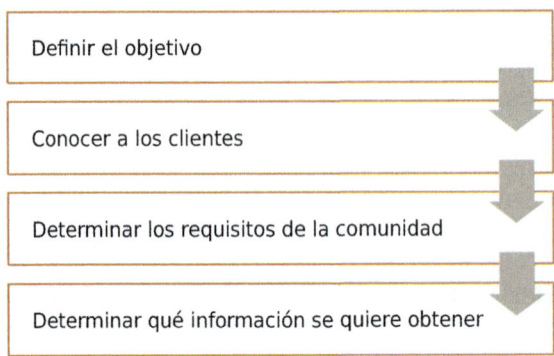

Definir el objetivo

Conocer a los clientes

Determinar los requisitos de la comunidad

Determinar qué información se quiere obtener

Desde el punto de vista empresarial, cada comunidad virtual tiene un objetivo diferente, por ello es probable que cada entidad necesite más de un tipo de comunidad. En concreto, algunas empresas tienen tanto un blog como una página de *Facebook* y, también, un foro de opiniones.

No se trata de que la empresa tenga todas las redes sociales, pero sí debe estar presente en aquellas donde se acceda de la mejor forma a sus consumidores, por ello es importante determinar qué es lo que se necesita para establecer el tipo de comunidad digital que mejor se adapte a las necesidades de la entidad.

 ACTIVIDAD COMPLEMENTARIA

4. Busca información sobre dos de las comunidades virtuales más útiles y determinar sus características.

Funciones de administración y coordinación

Como las redes sociales están por todas partes y la mayor parte de la población dispone de ellas, es fácil pensar que cualquiera puede gestionarlas sin problemas, pero es necesario contar con una figura que administre y coordine las comunidades digitales.

Las funciones de administración y coordinación de las comunidades digitales deben recaer en un equipo de profesionales que aplican sus conocimientos para gestionar de forma eficaz la forma de comunicarse e interactuar de las partes que forman parte de la comunidad.

Las funciones de administración de una comunidad digital deben permitir:

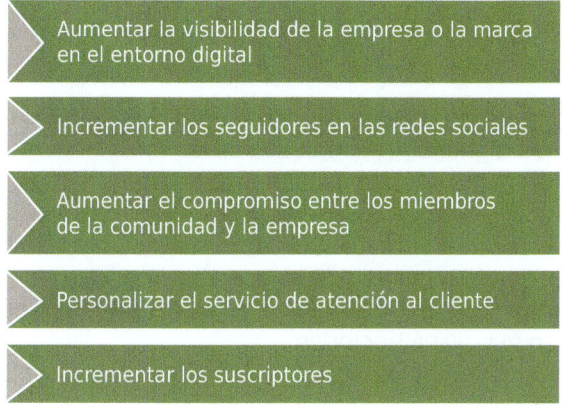

Aumentar la visibilidad de la empresa o la marca en el entorno digital

Incrementar los seguidores en las redes sociales

Aumentar el compromiso entre los miembros de la comunidad y la empresa

Personalizar el servicio de atención al cliente

Incrementar los suscriptores

Las empresas que tienen una cierta repercusión y quieren sacar el máximo partido de sus comunidades virtuales, suelen contar con profesionales que consigan una buena interacción entre los miembros de la comunidad y permita tener un gran canal de comunicación. Normalmente, este tipo de acciones las suele desarrollar la figura del ***community manager.***

 **DEFINICIÓN**

Community manager
Es la persona que se encarga de realizar, administrar y coordinar una comunidad *online*. Debe tener conocimientos profesionales del entorno web y debe saber mantener las relaciones entre la marca con sus clientes o usuarios en internet.

No todo el mundo puede ser *community manager* o responsable de una comunidad digital, ya que necesita tener diferentes competencias o habilidades como:

Las principales **funciones de administración y coordinación** para que la comunidad digital de personas sea eficaz son:

- Crear contenido de calidad para consolidar la comunidad virtual.
- Crear contenido, editarlo, así como publicarlo, además es importante actualizarlo y eliminarlo, si se queda obsoleto.
- Planificar cuándo se deben realizar las publicaciones, de manera que tengan más visualizaciones.
- Utilizar herramientas digitales adecuadas que permitan aportar valor al usuario.
- Realizar controles de los resultados obtenidos para determinar cuántos seguidores y cuántas publicaciones hay, qué contenidos son los que más gustan, qué red social es la que más seguidores tiene, etc.

Por su parte, para administrar correctamente las comunidades digitales es necesario que:

- Se conozca realmente a la comunidad analizando a sus miembros en cuanto a su edad, sexo, intereses, etc.
- Determinar qué se quiere conseguir, para ello se deben planificar metas a corto y medio plazo.
- Poner a disposición de los usuarios contenido de interés como vídeos, mensajes, imágenes, etc.
- Compartir información y conocimientos de interés para los usuarios.
- Eliminar aquellos comentarios que sean ofensivos o molestos.
- Activar la comunidad.
- Evaluación de cómo se relacionan en la comunidad.

Estrategias de comunicación para comunidades

Mediante las comunidades virtuales se intercambia información y vivencias entre personas que puede servir de ayuda desde un punto de vista personal o profesional. Esto se consigue principalmente mediante el uso de redes sociales, ya que permiten compartir la información de forma accesible y efectiva.

Para sacar el máximo provecho a las redes sociales, es esencial aumentar la participación en la comunidad, por ello se debe definir claramente las estrategias que permitan conseguir esto.

Las redes sociales son fundamentales a la hora de desarrollar estrategias de comunicación en las comunidades.

Para que las estrategias adoptadas sean las correctas es fundamental que sea un profesional el que las desarrolle como por ejemplo el *community manager,* este debe ser capaz de identificar nuevos miembros para la comunidad y ser empático.

Para que las estrategias de comunicación sean adecuadas es importante que estén bien definidos:

Los objetivos
Se deben definir claramente los objetivos de la comunidad para así evitar que los miembros no participen en los temas porque no los conozcan o que existan conversaciones mezcladas.

Continúa en página siguiente >>

[35]

<< *Viene de página anterior*

> **Las normas de la comunidad**
> Es esencial definir claramente las políticas o
> normas internas de la comunidad y publicarlas
> de forma que queden lo suficientemente claras.

A su vez, los objetivos de la comunidad deben estar bien definidos, por lo que evitaremos que no participen por desconocimiento o que se tengan conversaciones desalineadas. Las normas y políticas internas también son fundamentales, por lo que hay que publicarlas de manera suficientemente clara.

Las estrategias de contenidos deben ser adecuadas a las necesidades que vayan surgiendo, de manera que se fomentará que la comunidad crea sus conversaciones de forma natural. Es esencial que el **moderador de la comunidad** tenga:

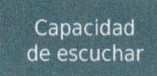

Capacidad de escuchar	Iniciativa para que se hable

 IMPORTANTE

Es fundamental para que la comunidad vaya bien que la estrategia que se vaya a seguir vaya encaminada a reforzar la participación, para ello, se puede recompensar la participación de los usuarios, así continuarán motivados para seguir participando.

Si la comunidad digital forma parte del día a día de sus miembros, estos la recomendarán a terceros.

En concreto, es esencial contar con estrategias que sean sistemáticas, organizadas, así como que activen la participación de todos los usuarios.

4. Planificación de una comunicación o difusión digital

 **HILO CONDUCTOR**

Es esencial que el departamento de *marketing* AUTOTIC, S. L. lleve a cabo una correcta planificación de la comunicación o difusión digital para dar a conocer sus nuevos productos y acercar su marca a un número mayor de clientes.

En la realidad que vivimos es fundamental hacer un buen uso de la comunicación, ya que es un elemento clave para el buen funcionamiento de cualquier empresa. Esta comunicación debe ser acorde a los valores de la entidad y se debe enfocar a conseguir los objetivos que pretenden alcanzarse.

Planificar la comunicación o difusión digital es establecer cómo una empresa piensa comunicarse con su público digital y en qué momento. Para ello, será necesario contar con un **plan de comunicación** donde se expongan de forma sencilla y accesible los objetivos que se quieren alcanzar con la comunicación y donde se indiquen las tareas a seguir en orden, así como las acciones que se van a llevar a cabo.

DEFINICIÓN

Plan de comunicación
Es donde se plasma la estrategia de comunicación que se debe seguir para captar la atención del público objetivo, dejando reflejado el mensaje que se va a difundir, los canales de comunicación y a quién va a ir dirigido.

Normalmente, las empresas realizan una planificación de comunicación o difusión digital cuando están en plena campaña de promoción o lanzamiento de nuevos productos, pero cada vez más se utiliza para crear un canal de difusión en redes sociales o medios de comunicación, y así establecer nuevas herramientas de contacto con el público.

También se utiliza un plan de comunicación para reparar el daño que haya podido causar algún comentario o decisión empresarial y/o comercial no correcta, cuyo impacto haya sido negativo para la empresa.

Por su parte, dependiendo del público al que pretende dirigirse, el plan de comunicación podrá ser:

Interno	Es aquel plan de comunicación que se enfoca a los trabajadores, es decir, se muestran acciones para que la información se mueva entre los trabajadores de una entidad, lo que se pretende es que el ambiente laboral sea bueno y haya una excelente relación de la empresa con el trabajador.
Externo	Con esta comunicación se pretende mejorar la imagen de la empresa y se enfoca hacia el público que tenga interés como accionistas, proveedores, consumidores, etc.

Crear un plan de comunicación o difusión digital es esencial para que la empresa pueda unificar el mensaje, ya que tanto los clientes potenciales como los trabajadores podrán conocer los valores y objetivos de la planificación.

Para tener una visión global de lo que se va a realizar es fundamental establecer una planificación de la comunicación o difusión digital, siempre teniendo claro el mensaje que se quiere transmitir.

Desarrollar un plan de comunicación y difusión es algo que debe tener una estructura, para su constitución debe quedar claro qué es lo que debe recoger dicho plan, en este sentido, se debe tener en cuenta que esta planificación debe abarcar lo siguiente:

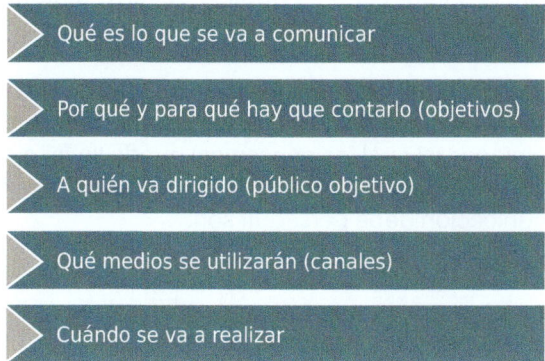

Qué es lo que se va a comunicar

Por qué y para qué hay que contarlo (objetivos)

A quién va dirigido (público objetivo)

Qué medios se utilizarán (canales)

Cuándo se va a realizar

Esta planificación debe considerarse como un documento base de cualquier proyecto donde identificar los objetivos para que todo marche correctamente.

Además, debe quedar claro cuál es la audiencia de esta comunicación o difusión, puesto que no es lo mismo un público que otro, cada cual tiene sus propias necesidades y, a partir de ellas, se crearán estrategias enfocadas a cada uno de los públicos.

IMPORTANTE

Como aspecto importante se destacan los canales mediante los que se apoyarán las estrategias de comunicación y difusión digital, siendo las redes sociales el medio por el que se transmiten, actualmente, la mayor parte de los contenidos.

Además, no se debe olvidar que esta planificación puede ir cambiando, dependiendo de los resultados alcanzados, por lo que se debe ir revisando y actualizando.

4.1. Definición de objetivos de la comunicación o difusión

La difusión o comunicación para una entidad es algo fundamental, ya que debe dirigirse a informar a su público objetivo tanto sobre sus eventos o actividades como de sus logros.

Lo que hay que tener claro es que para que la comunicación sea eficaz, se deben definir bien los objetivos, ya que una comunicación asertiva (expresar las opiniones tal cual las pensamos) puede llevar a crear falsos entendimientos lo que provoca una pérdida de clientes. Por ello, los objetivos que toda comunicación debe perseguir son:

Por esto es esencial saber escuchar para saber qué se debe decir, cómo decirlo y transmitirlo correctamente.

Comunicar consiste en hablar, transmitir o compartir información con alguien, de ahí que las estrategias de *marketing* tengan como objetivo la comunicación, donde las tácticas utilizadas sean capaces de conseguir una estrategia de comunicación eficaz.

Hay que identificar que en la comunicación o difusión estratégica existen tres tipos de objetivos como son:

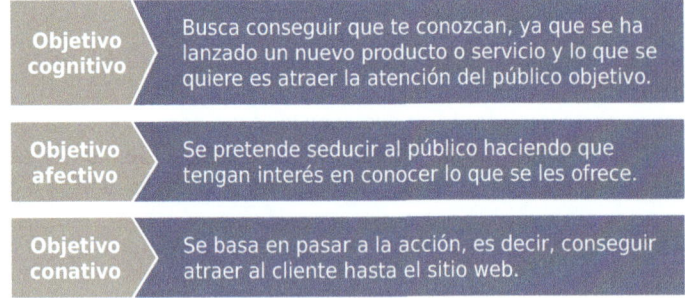

EJEMPLO

Dentro de los objetivos cognitivos se encuentra dar a conocer los nuevos productos a los clientes.

Como ejemplo de objetivo afectivo se encuentra crear un vínculo entre la marca y los clientes, de modo que estos tengan simpatía por los productos que esta ofrece.

Por su parte, un objetivo conativo puede ser crear referencias mediante el boca a boca de los clientes.

- -

TAREA 2

Elías está planificando una comunicación o difusión digital cuyo objetivo es reforzar la imagen de su marca con las relaciones con los medios de comunicación. ¿Qué tipo de objetivo quiere alcanzar Elías?

- -

4.2. Definición de la audiencia o público objetivo

Cuando se habla de audiencia objetivo se hace referencia al grupo de personas que se identifican bien por su comportamiento como por sus datos demográficos, y es utilizado por las empresas para crear perfiles de sus usuarios, lo que es muy utilizado en las **decisiones estratégicas de *marketing.***

Establecer la audiencia o el público objetivo es determinar qué tipo de personas estarían interesadas en adquirir los servicios o productos de una empresa, para ello se debe tener en cuenta información demográfica como:

Edad	Sexo	Nivel profesional	Localización	Ingresos

La audiencia o público objetivo, desde el punto de vista de la comunicación digital, está en continua evolución, ya que la digitalización avanza a pasos agigantados, por ello, lo ideal es realizar una segmentación del público orientada a conocer los hábitos de la navegación y consumo, además de los datos demográficos. Así identificaremos a tres tipos de públicos objetivos:

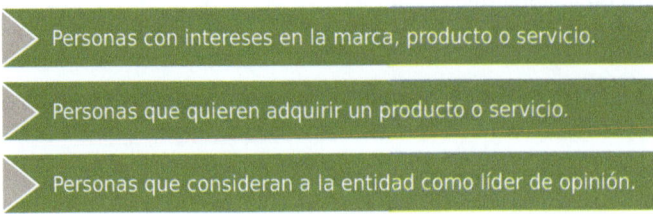

Personas con intereses en la marca, producto o servicio.

Personas que quieren adquirir un producto o servicio.

Personas que consideran a la entidad como líder de opinión.

4.3. Selección de la herramienta más adecuada y eficaz

Las herramientas de comunicación son esenciales para que todo el equipo colabore y el proceso de planificación de la comunicación o difusión digital funcione y llegue buen puerto.

Diseñar adecuadamente una herramienta de comunicación permite a los miembros del equipo mejorar las comunicaciones entre ellos, en este sentido, las herramientas de comunicación van desde las internas utilizadas con el propio equipo, a las externas que son aquellas que se utilizan para dirigirse a los trabajadores, clientes o agencias.

Las herramientas de comunicación son de dos tipos:

- ⊃ **Sincrónica.** Sería una herramienta de comunicación instantánea, como una conversación cara a cara, los mensajes instantáneos o cualquier otra comunicación que se realice en tiempo real. Dentro de estas herramientas encontramos los chats, que permiten comunicarse de forma instantánea, ya que dan la posibilidad estar conectado y dar respuesta de forma rápida. En ellos te puedes comunicar de forma individual o colectiva. El cara a cara es lo principal de esta herramienta, donde más se ve es en la videoconferencia, a través de *Zoom, Google Meet* o *Skype*.
- ⊃ **Asincrónica.** Sería una herramienta de comunicación que no surge en tiempo real y que se puede responder más adelante en el tiempo, como es la comunicación vía *e-mail,* los informes de proyectos o los mensajes grabados.
  Este tipo de herramienta es lo contrario a las sincrónicas, ya que los mensajes no se responden en tiempo real y el ejemplo por excelencia de este tipo es el correo electrónico o *e-mail*.

Sobre las herramientas de comunicación no existe un único criterio, ya que lo más sensato sería contar tanto con sincrónicas, asincrónicas e, incluso, externas. Mediante las herramientas sincrónicas se puede comunicar en tiempo real y con las asincrónicas se puede contar con herramientas más fluidas, ya que la respuesta no será en el momento, por lo que se puede pensar y meditar más.

4.4. Evaluación de la seguridad y privacidad en la comunicación o difusión

Cada vez es más frecuente encontrarse con brechas de seguridad y privacidad, lo que implica un robo de información provocado por la sobreexposición de información en canales digitales, webs o servicios en la nube.

NOTA

La seguridad y privacidad en la comunicación o difusión comprende a las estrategias que se usan para garantizar la confidencialidad, integridad y disponibilidad de los datos, es decir, la protección de la información personal.

Realizar evaluaciones sobre los sistemas de seguridad y privacidad es algo que permite prever un fallo en el sistema, lo que puede tener consecuencias nefastas para la empresa, ya que filtrar datos personales o tratarlos de forma irregular conlleva unas represalias importantes, tanto desde la confianza de los clientes, como desde el punto de vista legal.

Para garantizar la seguridad de la información es necesario que se elijan las herramientas de almacenamiento de la información que mejor se adapten a las necesidades empresariales.

5. Desarrollo de la difusión de información y contenidos: cura de contenidos

 **HILO CONDUCTOR**

Para dar a conocer los nuevos vehículos, la empresa AUTOTIC, S. L. está pensando en desarrollar una estrategia de difusión de información y de contenidos, ya que es una herramienta muy práctica para la promoción de los artículos, llegando al público objetivo y aumentando las posibilidades de venta.

La difusión de información y contenidos consiste en promocionar, compartir y publicar el contenido utilizando diferentes formatos.

Las estrategias de *marketing* de contenidos incluyen el desarrollo de la difusión de la información y contenidos como parte del éxito de todas las publicaciones.

 **DEFINICIÓN**

Marketing de contenidos

Es el tipo de *marketing* que necesita conocer las preferencias del público objetivo para atraerlo mediante la publicación de contenidos de interés.

Lo primero es crear el contenido y, después, hay que proceder a su difusión, por lo que es necesaria una planificación para que este procedimiento consiga el éxito.

La difusión de contenidos tiene un gran impacto a través de las redes sociales, pero hay que tener en cuenta que este contenido se crea en el formato de cada plataforma y solo para ellas.

Por su parte, el concepto **cura de contenidos** hace referencia al proceso de recopilar contenido en internet con la finalidad de difundirlo y compartirlo en línea a través de canales propios. La curación de contenidos no implica tener que crear contenidos, si no que consiste en investigar en la web y seleccionar el contenido que será de utilidad para el público objetivo y compartirlo.

Por lo tanto, la cura de contenidos es diferente al *marketing* de contenidos, ya que no es necesario crearlo, si no que se busca aumentar el valor de la empresa y fidelizar usuarios a través de la publicación de contenido que ya está creado.

NOTA

Las empresas no son las encargadas de crear su propio contenido, si no que buscarían contenido ya creado, por ejemplo, de personas que se denominan influyentes, para así completar las publicaciones iniciales.

En concreto, el **proceso de curación de contenidos** consiste en lo siguiente:

> **Paso 1**
> Seleccionar información importante de internet

Continúa en página siguiente >>

<< Viene de página anterior

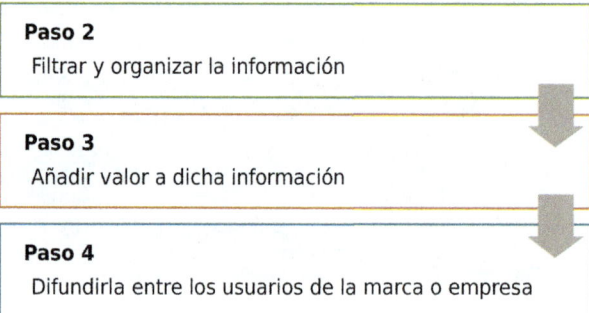

Paso 2
Filtrar y organizar la información

Paso 3
Añadir valor a dicha información

Paso 4
Difundirla entre los usuarios de la marca o empresa

La **curación de contenidos** permite recoger una gran cantidad de información para crear publicaciones propias, pero personalizándolas, lo que ayuda a posicionarse y destacar de los competidores.

 **VÍDEO**

Para profundizar en el proceso de curación de contenidos se puede consultar accediendo desde aquí:

https://redirectoronline.com/fcoi200101

5.1. Definición del público objetivo

Un método de curación de contenidos aporta innumerables beneficios dentro de la estrategia de *marketing* digital a la empresa, ya que ayuda a generar nuevos clientes potenciales, mejora la presencia en internet y hace a la empresa más visible en redes sociales.

El paso más importante de la curación de contenidos es conocer a la audiencia que se quiere llegar, ya que el negocio no funciona, si no se consigue atraer la atención del público objetivo.

Antes de difundir contenido curado, es importante determinar qué es lo que necesitará el público y lo que será de interés para ellos, ya que si se comparte información de interés será más fácil captar la atención de los usuarios.

SABÍAS QUE...

Lo que para una marca o empresa puede parecerle interesante no tiene por qué ser relevante para su público objetivo, por ello es esencial determinar las características de los usuarios y difundir contenido que sirva para algo.

Aquellas personas o individuos que tienen las mismas características y adquieren o necesitan adquirir el producto o servicio que ofrece una empresa son las que formarían parte de su público objetivo.

Para conocer al público objetivo se deben definir algunos criterios, como la edad, sexo, demografía o nivel económico, puesto que cada tipo segmento de clientes tendrá una demanda diferente en función de sus preferencias o necesidades.

Una vez definido el público objetivo, se pueden definir los siguientes aspectos:

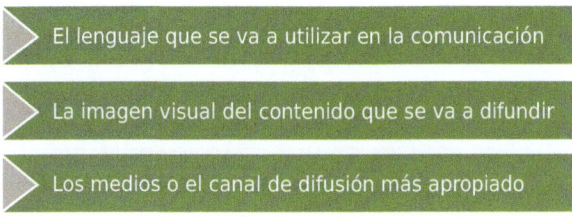

> El lenguaje que se va a utilizar en la comunicación

> La imagen visual del contenido que se va a difundir

> Los medios o el canal de difusión más apropiado

5.2. Búsqueda de información, selección y filtro

En el mundo en el que vivimos es habitual obtener información mediante diferentes formatos. Es corriente que una misma persona pueda utilizar diferentes herramientas para consumir información, como, por ejemplo, leer la prensa en el móvil o ver una serie en el ordenador.

La información llega en distintos formatos y la búsqueda de la misma se puede realizar mediante diferentes canales. Ante tal cantidad de información es esencial saber cómo buscarla, seleccionar la que mejor convenga en cada caso y establecer filtros. Todo ello va a permitir:

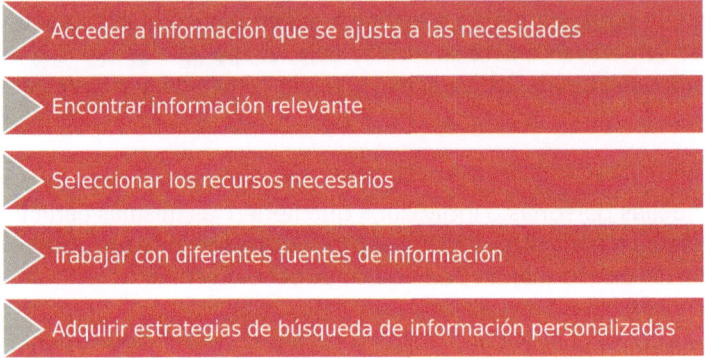

- Acceder a información que se ajusta a las necesidades
- Encontrar información relevante
- Seleccionar los recursos necesarios
- Trabajar con diferentes fuentes de información
- Adquirir estrategias de búsqueda de información personalizadas

Navegar por internet, buscar información y filtrarla será diferente en cada usuario, pudiendo estructurarse en tres niveles:

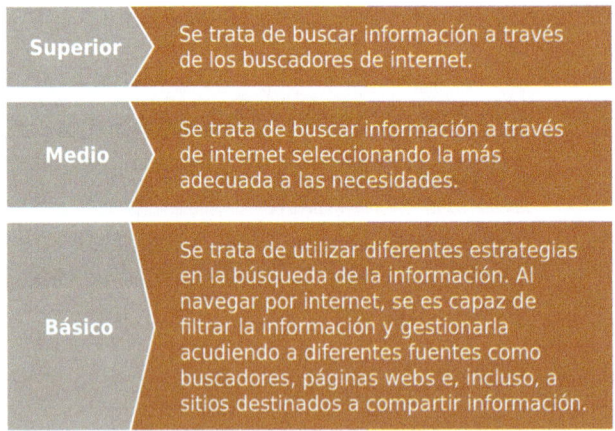

Superior: Se trata de buscar información a través de los buscadores de internet.

Medio: Se trata de buscar información a través de internet seleccionando la más adecuada a las necesidades.

Básico: Se trata de utilizar diferentes estrategias en la búsqueda de la información. Al navegar por internet, se es capaz de filtrar la información y gestionarla acudiendo a diferentes fuentes como buscadores, páginas webs e, incluso, a sitios destinados a compartir información.

5.3. Creación de contenido con un valor añadido

Por valor añadido en la creación de contenido se entiende el incorporar información adicional, que hace que se proporcione una mayor información que enriquezca al contenido inicial, ayudando así a los usuarios a obtener información de calidad y completa.

Un contenido de valor es aquel que hace **único, exclusivo y original** a la información y va dirigido a un público objetivo concreto, el cual, no podrá obtener la información de ninguna otra fuente.

 **EJEMPLO**

Ejemplo de contenido de valor pueden ser análisis de investigación, estudio de casos, documentos oficiales o técnicos, videotutoriales, etc.

En definitiva, crear contenido con valor añadido es aquel que tiene características adicionales que hace que los usuarios decidan a la hora de adquirir o no un determinado servicio o producto.

Para crear contenido de valor será necesario:

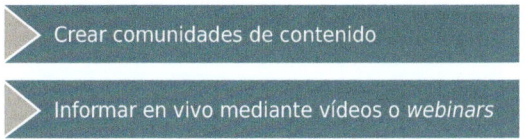

Para crear contenido de valor es necesario adquirir **una estrategia de *marketing* interactivo,** donde a través de técnicas y prácticas que se dirigen a interactuar con el público objetivo, se aumenta el *engagement* y se maximizan las acciones de *marketing.*

 **DEFINICIÓN**

Engagement

Grado de compromiso, entusiasmo y lealtad que tiene una audiencia con una marca, producto o empresa. Es cuando una persona sigue a la empresa en redes sociales, le da me gusta en las publicaciones, comparte y comente la información.

Esta estrategia se debe incorporar al *marketing* interactivo, que es el que utiliza técnicas para:

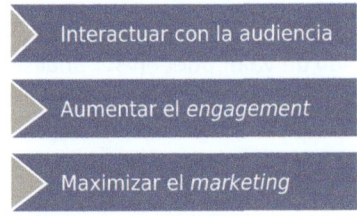

Interactuar con la audiencia

Aumentar el *engagement*

Maximizar el *marketing*

Para conseguir crear contenido de valor es necesario contar con los siguientes componentes:

| Automatización | Análisis de datos | Redes sociales |

Para optimizar la **creación de valor** se puede contar con las siguientes herramientas:

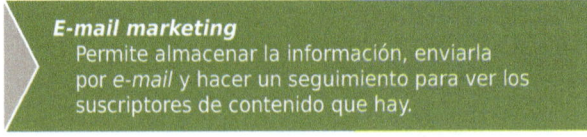

E-mail marketing
Permite almacenar la información, enviarla por *e-mail* y hacer un seguimiento para ver los suscriptores de contenido que hay.

Continúa en página siguiente >>

<< Viene de página anterior

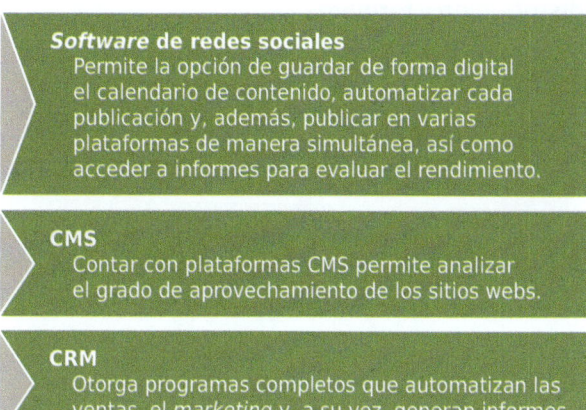

Software de redes sociales
Permite la opción de guardar de forma digital el calendario de contenido, automatizar cada publicación y, además, publicar en varias plataformas de manera simultánea, así como acceder a informes para evaluar el rendimiento.

CMS
Contar con plataformas CMS permite analizar el grado de aprovechamiento de los sitios webs.

CRM
Otorga programas completos que automatizan las ventas, el *marketing* y, a su vez, generan informes.

Para que la creación de contenido seas eficiente es necesario, en primer lugar, conocer al público objetivo, así sabemos sus necesidades y gustos y se evitan errores, ya que la estrategia va dirigida a la audiencia correcta.

 **IMPORTANTE**

Una vez que ya se elija el tema, es importante no duplicar el contenido, puesto que una información duplicada podría dañar al *webside* y el posicionamiento en los buscadores.

También es importante que los contenidos estén actualizados, por lo que habría que revisarlo continuamente y se debe aprovechar cualquier tipo de formato, desde los artículos que nos encontramos, hasta las infografías, vídeos o webinars.

5.4. Difusión del contenido

Difundir el contenido es distribuirlo, es decir:

| Compartir | Publicar | Promocionar |

La forma de difusión será diferente dependiendo del **público objetivo, canal de distribución y formatos.**

IMPORTANTE

Para que la difusión de la creación del contenido tenga éxito y el resultado esperado es fundamental que exista una planificación del mismo.

Los canales para difundir el contenido son varios y pueden ser de diferentes tipos:

Propios	Son los que tiene la propia empresa como la web, blog o red social. En este tipo entra en juego el SEO que exista, ya que es fundamental para conseguir posicionar el contenido.
Ajenos	Son los de terceros que se encargan de distribuir contenido, como pueden ser comunidades, prensa, menciones, posteos, foros, compartir en redes sociales, reseñas, etc.
De pago	Se pueden utilizar canales de pago para que difundir el contenido, como, por ejemplo, contenido patrocinado, a través de *influencers*, *display*, avisos en redes sociales, etc.

APLICACIÓN PRÁCTICA

Leo está aplicando una estrategia de curación de contenidos. ¿En qué fase del proceso se encuentra si está incorporando su opinión a la información adquirida?

Solución

En este caso, Leo se encuentra en la fase de añadir valor a la información, ya que está aportando sus opiniones a la información seleccionada.

---

6. Resumen

La comunicación digital es el intercambio de información utilizando un medio digital, donde se utiliza tanto la escritura como la imagen visual para transmitir los conocimientos. La comunicación digital ha permitido:

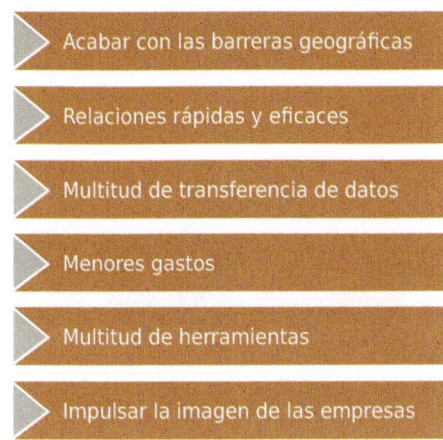

- Acabar con las barreras geográficas
- Relaciones rápidas y eficaces
- Multitud de transferencia de datos
- Menores gastos
- Multitud de herramientas
- Impulsar la imagen de las empresas

Por su parte, los medios de comunicación digital más utilizados y conocidos a nivel mundial son:

| Redes sociales | Blogs corporativos | Vídeos, audios en entornos web | E-mail marketing |

Para que la estrategia de comunicación digital sea positiva y resulte rentable, se deben seguir los siguientes pasos:

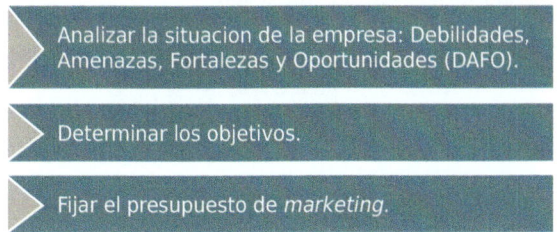

- Analizar la situacion de la empresa: Debilidades, Amenazas, Fortalezas y Oportunidades (DAFO).
- Determinar los objetivos.
- Fijar el presupuesto de *marketing*.

Continúa en página siguiente >>

<< Viene de página anterior

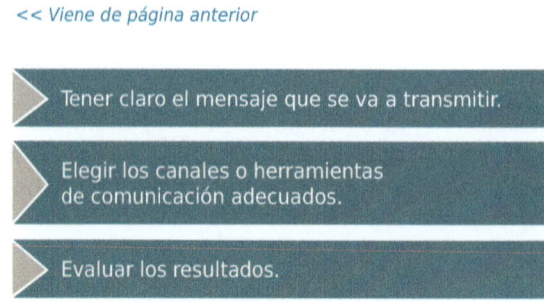

En concreto, las herramientas más utilizadas para conseguir que la comunicación digital sea un éxito son:

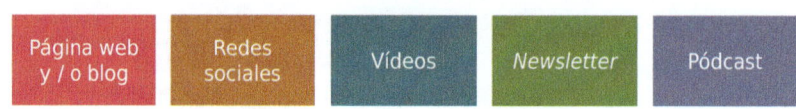

Un concepto esencial es el de comunidades digitales de personas formadas por miembros que tienen algo en común, como aficiones, *hobbies,* intereses, etc. en concreto utilizan las herramientas digitales para desarrollar una actividad, pudiendo ser de varios tipos:

Hacer buen uso de la comunicación o difusión digital requiere contar con un plan de comunicación donde se expongan de forma sencilla y accesible los objetivos que se quieren alcanzar con la comunicación y donde se indiquen las tareas a seguir en orden, así como las acciones que se van a llevar a cabo. Dicha planificación puede ser:

Por su parte, destaca la difusión de información y contenidos, que consiste en promocionar, compartir y publicar el contenido utilizando diferentes formatos. Esta difusión busca:

Ejercicios de autoevaluación
Unidad de Aprendizaje 1

1. La comunicación digital es:

a. El intercambio de información utilizando solo un medio digital escrito.

b. El intercambio de información utilizando solo un medio digital visual.

c. El intercambio de información utilizando tanto un medio digital escrito como visual.

d. El no intercambio de información utilizando medios digitales.

2. Determina si la siguiente oración es verdadera o falsa: "Mediante la comunicación digital se desarrollará la estrategia de publicidad, promoción e información, así como un incremento del consumo del producto o servicio a comercializar".

■ Verdadero

■ Falso

3. ¿Qué se consigue mediante una estrategia de comunicación digital?

a. Atraer a una audiencia determinada.

b. Mejorar la imagen de una marca.

c. Mejorar la presencia en internet de una empresa.

d. Todas las opciones son correctas.

4. ¿Qué debe ocurrir para que la *newsletter* se convierta en una estrategia de comunicación de éxito?

a. Que la información sea de interés para el emisor.

b. Que la información no sea clara y concisa.

c. Que exista conexión indirecta con el interlocutor.

d. Especialización y personalización del contenido.

5. ¿Dónde debe aparecer el objetivo de la página web o red social, su contenido y cómo funciona?

   a. Política de privacidad
   b. Política de *cookies*
   c. Aviso legal
   d. Política de confidencialidad

6. ¿En qué consiste el posicionamiento SEM?

   a. En analizar los grandes datos de redes sociales.
   b. Se refiere a la publicidad en los buscadores.
   c. Consiste en ofrecer recursos a gran escala a través de internet.
   d. Consiste en diseñar sitios webs mediante los lenguajes de programación.

7. ¿Qué es un sistema ERP?

   a. Sistema de planificación de recursos empresariales que se utilizan en la administración de los diferentes procesos de una empresa como producción logística, distribución, facturación o contabilidad.
   b. Son sistemas de gestión de la relación con los clientes.
   c. Son sistemas de gestión de contenidos, donde se gestiona la subida de contenidos, bien en una intranet o de un *e-commerce*.
   d. Todas las opciones son incorrectas.

8. ¿Quién es el líder en una comunidad digital?

   a. El que plantea el tema y el que establece los principios por los que se rige cada comunidad.
   b. El que se ocupa de que todos los que participan mantengan el correcto funcionamiento de la comunidad y respeten las reglas establecidas.
   c. El que participa de forma activa en la comunidad, dejando claras sus opiniones o puntos de vista.
   d. El que no participa y solo se dedica a leer las diferentes participaciones, pero no deja su opinión sobre ningún tema.

9. Determina si la siguiente oración es verdadera o falsa: "Mediante las comunidades virtuales no se intercambia información y vivencias entre personas que pueden servir de ayuda desde un punto de vista personal o profesional".

   ■ Verdadero
   ■ Falso

10. ¿Qué tipo de objetivo busca reforzar la imagen de marca con las relaciones con los medios de comunicación?

    a. Conativo
    b. Afectivo
    c. Cognitivo
    d. Todas las opciones son incorrectas.

Gestión de entornos digitales de colaboración

Contenido

1. Introducción
2. Identificación y uso de herramientas para innovar o mejorar las metodologías de colaboración
3. Configuración de entornos digitales de colaboración
4. Resumen

Objetivos

El objetivo general de esta Unidad de Aprendizaje es:

→ Seleccionar y aplicar herramientas digitales colaborativas, demostrando el valor que tienen para innovar y mejorar la participación en entornos digitales.

Los objetivos específicos de esta Unidad de Aprendizaje son:

→ Identificar herramientas para innovar o mejorar la metodología de colaboración.

→ Determinar la importancia del uso de herramientas para innovar o mejorar la metodología de colaboración.

→ Identificar las beneficios de implantar un entorno digital colaborativo.

→ Estudiar cómo se implanta un entorno digital colaborativo.

→ Analizar espacios de trabajo en equipo y gestión de proyectos.

1. Introducción

La transformación digital es un hecho revolucionario de los últimos años que se asienta en las tecnologías de la información.

Las plataformas y aplicaciones que utilizan las tecnologías de la información hacen posible que personas y empresas puedan relacionarse dentro del espacio virtual, lo que se conoce como entornos digitales, que son espacios virtuales en los que se produce la comunicación entre los usuarios y los entornos webs o plataformas.

Tal y cómo evoluciona la sociedad, donde la mayor parte de la población se comunica mediante redes virtuales, los entornos virtuales ofrecen diferentes posibilidades para mejorar la vida diaria de las personas y las empresas, sobre todo en temas como: posibilidad de teletrabajar, recibir educación a distancia, contactar con el médico de forma telemática o un gran desarrollo del comercio electrónico.

En definitiva, los entornos digitales son lugares virtuales considerados como esenciales en la vida diaria de los usuarios web, tanto para empresas como para personas físicas, debido a que, gracias a su utilización, se facilita la comunicación y colaboración entre participantes y se mejora el flujo de trabajo.

Para abordar en profundidad la gestión de entornos digitales de colaboración, vamos a centrarnos en el caso de la empresa AUTOTIC, S. L., que está dando a conocer los últimos modelos de vehículos de alta gama a través de entornos digitales.

2. Identificación y uso de herramientas para innovar o mejorar las metodologías de colaboración

 HILO CONDUCTOR

El departamento de *marketing* de la empresa AUTOTIC, S. L. está desarrollando sus estrategias a través de entornos digitales, por lo que necesita conocer

Continúa en página siguiente >>

<< Viene de página anterior

qué tipo de herramientas existen para innovar o mejorar las metodologías de colaboración.

Contar con metodologías de colaboración es algo fundamental, ayudan a que el trabajo sea más productivo y se simplifica, ya que todo se puede realizar mediante una plataforma.

Las herramientas o instrumentos llamados de **colaboración digital** son aquellos que hacen más factible la propia comunicación entre los miembros del equipo y su integración, haciendo que esto se traduzca en procesos de negocio mejorados.

Todo el equipo de trabajo puede estar conectado y actualizado siempre, lo que permite gestionar los proyectos de forma más sencilla, ya que, en todo momento, todos los miembros afectados pueden conocer en qué estado se encuentra una tarea concreta y cómo va evolucionando el proyecto, sin importar en qué lugar se encuentre.

Contar con herramientas de colaboración permite repartir de una forma eficiente las tareas entre los diferentes miembros de un equipo, creando proyectos integrados donde la metodología de trabajo se puede tratar mediante videoconferencias o chats online. Además, permite hacer un seguimiento de las horas invertidas y enviar recordatorios con las tareas pendientes.

Debido a los cambios experimentados en los últimos años en la forma de trabajar, como la extensión del teletrabajo o trabajo a distancia, se hace necesario que las empresas tengan herramientas eficientes que permitan gestionar los equipos de trabajo, ya que estos cada vez son más multidisciplinarios y/o globales. Este tipo de herramientas permiten organizar de forma efectiva aspectos como la localización de los miembros del equipo, la franja horaria de dedicación, las diferentes zonas de conocimiento, entre otros muchos aspectos.

La forma de organizarse cambia, ya que todo evoluciona, por ello es importante que la empresa cuente con herramientas de colaboración digitales que les permitan preparar a los equipos de trabajo para adaptarse a los cambios.

Mejorando la comunicación entre los diferentes miembros de un equipo de trabajo, aumenta su compromiso y mejora de forma significativa la organización del día a día y la productividad de la empresa, lo que conlleva que el flujo de trabajo sea más óptimo y que se puedan alcanzar los objetivos de forma conjunta.

2.1. Aplicación de herramientas para innovar o mejorar las metodologías de colaboración en diferentes sectores

Las herramientas para innovar o mejorar las metodologías de colaboración no solo se utilizan en el entorno empresarial, ya que, prácticamente en todos los ámbitos de la sociedad, es necesario que exista colaboración entre las personas, es por ello, que en cualquier tipo de organización no empresarial se conozcan las herramientas de colaboración digital.

Es el caso del sector sanitario, el cual, en los últimos años ha sufrido un avance importante en cuestión de aplicación de nuevas tecnologías que hacen mejorar la comunicación de los agentes implicados, de ahí la importancia de que existan herramientas de trabajo colaborativo, basadas en que el personal sanitario pueda mejorar la relación con sus pacientes.

El sector sanitario está aprovechando las ventajas de aplicar herramientas de colaboración médicas en su forma de trabajar, ya que cada vez es más común el uso de herramientas como WhatsApp o redes sociales para ofrecer un mejor servicio.

 **NOTA**

El trabajo colaborativo digital cada vez se aplica con mayor fuerza en el campo de la medicina, ya que gracias a las herramientas médicas *online* es posible trabajar a distancia, desde cualquier parte del mundo y a cualquier hora, dando un servicio de calidad.

Otro de los sectores en los que se desarrollan con gran auge las herramientas digitales es en la educación o enseñanza.

En la sociedad que vivimos es esencial saber colaborar y trabajar en equipo, de este modo, se comparte la información o los recursos entre varias personas.

Para poder impulsar la capacidad de colaboración dentro del ámbito de la educación, los docentes tienen a su alcance numerosas herramientas colaborativas.

En el sector de la educación, el **aprendizaje colaborativo** es una práctica desarrollada en los últimos años, ya que es una forma de aprender ayudando a los diferentes alumnos o estudiantes a desarrollar destrezas sociales, las cuales se pueden trasladar fuera de las clases.

La educación colaborativa ayuda a los alumnos a desarrollar determinadas habilidades que pueden poner en práctica en cualquier entorno, como son expresar su opinión, llegar a acuerdos, participar en negociaciones, etc.

Las herramientas de colaboración permiten que el equipo de trabajo se coordine de forma más simple y rápida, donde cada miembro puede apoyarse y buscar ayuda en otros para que, entre todos, se consigan los objetivos determinados.

Contar con herramientas de colaboración permite:

Simplificar proyectos complejos	Integrar funciones	Asignar tareas	Enviar recordatorios de fechas clave

En definitiva, las herramientas de colaboración permiten gestionar de forma rentable los proyectos en un solo clic, por lo que es esencial contar con buenas herramientas de colaboración *online* que permitan facilitar el trabajo cooperativo.

2.2. Herramientas de comunicación y compartición de información

Para tener herramientas de comunicación y compartición de información, es necesario contar con una plataforma de colaboración adaptada a satisfacer las necesidades de la empresa.

Estas herramientas deben conseguir:

- **Mayor seguridad.** Es necesario que las herramientas de colaboración permitan garantizar la seguridad de los datos que se manejan en la empresa en todo momento, determinando, de forma simple, quién puede acceder a los datos, dando los permisos necesarios y controlando qué personas tienen acceso a cada tipo de información.
- **Rápida comunicación.** Es necesario que el sistema pueda establecer procedimientos donde las reuniones sean gestionadas de forma rápida y ágil, independientemente de la ubicación física de donde se encuentre cada miembro del equipo, ya sea mediante envío de mensajes en chats, videoconferencias o reuniones *online*.
- **Optimización de la gestión del tiempo.** Permitir una administración del tiempo adecuada, donde se registren las entradas y salidas de los miembros del equipo de las plataformas o el tiempo que dedican a cada tarea. De esta forma, se gestionan de manera sencilla las ausencias y bajas, logrando sacar el máximo provecho a todos los recursos.
- **Automatización de procesos.** Esto permite ahorrar tiempo en tareas que son rutinarias y repetitivas.

En el mercado existen muchos ejemplos de herramientas de colaboración que, mediante una plataforma, permiten gestionar y coordinar tanto proyectos simples como complejos, decantarse por una u otra va a depender de las necesidades y recursos de la empresa, pero una buena opción es contar con un sistema que permita una administración **desde la nube,** ya que, desde este sistema, se permite trabajar de forma segura y minimizando los riesgos.

 **NOTA**

Trabajar en la nube requiere hacerlo mediante un servidor virtual, o programas y aplicaciones que, aunque no están instaladas de forma física en el ordenador, están en internet, lo que permite organizar, almacenar, comunicar y compartir la información.

Las herramientas de comunicación y compartición de información se concretan en programas informáticos que permiten simplificar tareas y alcanzar mejores resultados. Este tipo de herramientas deben tener amplias funcionalidades y permitir que los equipos de trabajo hagan uso de lo siguiente:

En definitiva, este tipo de herramientas deben ayudar a simplificar el trabajo en equipo, por ello es indispensable identificar cuál es la mejor herramienta para cada necesidad. En concreto, a la hora de elegir una herramienta, se deberá evaluar si es capaz de resolver el problema de colaboración que exista en la entidad, la que mejor se adapte al equipo y la que se adapte a la viabilidad de la empresa de una forma práctica, es decir, en precio, condiciones, funcionalidades e integración con el resto de herramientas.

 ACTIVIDAD COMPLEMENTARIA

5. Busca información sobre las herramientas de comunicación y compartición de información más utilizadas por los usuarios y sus beneficios.

2.3. Funcionalidades y adecuación a las necesidades

El objetivo de contar con herramientas de colaboración es cubrir las necesidades de centralizar la información y la documentación, así como la comunicación, para poder optimizar el desarrollo de un proyecto desde un ámbito *online* que esté disponible desde cualquier sitio y en cualquier momento.

El canal inicial por el que establecemos una primera comunicación con los implicados cuando se inicia un proyecto suele ser por *e-mail,* pero, seguidamente, se necesitan otras herramientas que permitan cubrir necesidades, como realizar una planificación o fijar tareas en un calendario, hacer un seguimiento del trabajo realizado o compartir documentos.

El entorno digital colaborativo deberá tener una ubicación web donde se integran las diferentes funcionalidades que se adecuen a las necesidades. Las funcionalidades que se deben considerar para que el entorno digital colaborativo proporcione una comunicación ágil en la gestión de los proyectos son las siguientes:

- **Gestión de usuarios.** Se trata de gestionar los accesos necesarios de cada interesado dentro del entorno colaborativo, de forma que cada uno tenga los permisos adecuados según el rol que tenga dentro de cada proyecto.
- **Gestión de la documentación.** Se trata de controlar el acceso a la documentación e información, determinando qué tipos de documentos son los necesarios, cómo se pueden compartir entre los miembros del equipo, cómo se intercambian ficheros, cómo se etiquetan y nombran los documentos de integración en un buscador. Existen herramientas que permiten organizar los documentos por carpetas, crear alertas para informar sobre los cambios de estado de cada documento o sobre si existen nuevos, lo que conlleva mejorar el acceso y control de la documentación que afecta al proyecto.
- **Canales de comunicación y colaboración.** Se pueden establecer medios que ayuden a fomentar la difusión de la información relevante para el buen funcionamiento de las tareas que implican el proyecto. Se puede establecer un proceso de asignación y gestión de tareas entre los miembros. También se pueden crear calendarios donde se recojan las fechas de las reuniones y las planificaciones de cada tarea. Además, se puede indicar un sistema de alertas y notificaciones donde se informe de eventos de interés, disponibilidad o actualización de documentación, etc. Pero lo fundamental será desarrollar el canal de comunicación necesario mediante el cual se relacionen los miembros del equipo, como puede ser el correo electrónico, blogs, foros, chats o videoconferencias.

El objetivo de trabajar mediante entornos colaborativos es fomentar la cooperación de los miembros que trabajan en el mismo equipo, provocando un mayor dinamismo, lo que repercute positivamente en la motivación y el clima laboral de la empresa.

2.4. Actualización de herramientas

Las herramientas que se utilizan en el entorno colaborativo son aquellas aplicaciones informáticas que permiten a los miembros de un equipo comunicarse y trabajar de forma conjunta, sin importar que no se encuentren en el mismo lugar físico.

Las herramientas utilizadas en la comunicación entre los grupos de forma virtual son muchas y deben estar actualizadas para garantizar que la información se transmite de forma correcta y en el tiempo adecuado.

En la actualidad, existen diferentes herramientas de comunicación que permiten el traspaso de información y la comunicación a distancia como las redes sociales, blogs, chats, wikis, etc.

Es necesario que exista agilidad en la gestión de proyectos, de forma que se prioricen tareas y se cree inmediatez en los flujos de trabajo, por ello, contar con un entorno colaborativo es una buena herramienta para mejorar los equipos de trabajo en la empresa.

 PARA SABER MÁS

El ámbito académico es un sector que suele utilizar herramientas de trabajo colaborativo como recurso para trabajar y que se adapta y actualiza de forma fácil a las diversas necesidades.

Para ampliar información sobre las herramientas de trabajo colaborativo puedes consultarla accediendo desde aquí:

https://redirectoronline.com/fcoi200201

No es obligatorio que las organizaciones o entidades cuenten con herramientas de trabajo colaborativas, pero siempre mejora la forma de organizar el proyecto o proceso de trabajo.

Utilizar un *software* específico en un entorno de trabajo mejora la gestión del equipo, sobre todo cuando crece el número de trabajadores o hay varios proyectos que desarrollar a la vez.

Implantar un software colaborativo en cualquier organización o entidad es un proceso rentable, ya que tener un contacto directo con cada empleado es difícil, pero, gracias a esta herramienta, se puede conocer el estado actualizado de sus avances. Además, permite que sea posible compartir archivos y agilizar el trabajo entre compañeros.

3. Configuración de entornos digitales de colaboración

☞ HILO CONDUCTOR

El departamento de *marketing* de la empresa AUTOTIC, S. L. está implantando sus herramientas para innovar o mejorar las metodologías de colaboración, por lo que necesita conocer cómo se pueden configurar los entornos digitales de colaboración para conseguir dar a conocer sus productos al mayor número de personas y mejorar sus ventas.

Los entornos digitales de colaboración son aquellos espacios donde las personas pueden reunirse, trabajar de forma *online* y que buscan incentivar la comunicación y cooperación de los integrantes de un equipo de trabajo o de diferentes departamentos que necesitan estar conectados para el desempeño de sus funciones.

Implantar un sistema óptimo de comunicación digital de colaboración ayuda a evitar problemas o resolver conflictos, los cuales pueden repercutir en pérdidas económicas.

Además, configurar entornos digitales ayuda a que en las organizaciones haya una participación activa y un canal eficiente para la propuesta de iniciativas o soluciones a los problemas que se plantean en el desarrollo de la actividad, por parte de cualquier empleado, escuchando su punto de vista y dándole visibilidad dentro de cada proyecto.

En una entidad u organización, el entorno colaborativo tiene que abarcar a toda el área, tanto física como virtual, de la misma, favoreciendo la comunicación y la conexión entre todos los distintos departamentos, trabajadores o miembros de un equipo concreto de trabajo.

 **IMPORTANTE**

Crear entornos colaborativos de trabajo tiene como objetivo aumentar la cooperación dentro del equipo de trabajo, permitiendo, de esta forma, aumentar la productividad, creatividad, innovación y autonomía de sus miembros.

- -

Los entornos digitales de colaboración propician efectos positivos dentro del clima laboral de la organización y aumenta la motivación de sus miembros y genera un mayor dinamismo.

Por entorno colaborativo digital no se debe solo imaginar el espacio físico donde se desarrolla la acción, sino que se trata de **generar las condiciones,** donde, a través de internet o mediante herramientas digitales, sea posible encontrar un lugar que permita establecer condiciones laborables donde se desarrolle la cooperación entre los miembros del equipo, como base para poder conseguir los objetivos o resultados esperados, sin necesidad de que todos ellos estén físicamente en el mismo lugar.

 **PARA SABER MÁS**

Un entorno colaborativo de forma digital u *online* tiene la misma efectividad que poder trabajar o reunirse en una ubicación física concreta, es más, genera resultados eficientes al poder estar conectados desde cualquier parte. Para profundizar en el entorno colaborativo digital accede desde aquí:

https://redirectoronline.com/fcoi200202

Desarrollar un buen entorno digital de colaboración debe tener en cuenta los siguientes elementos:

- **Ubicación.** Es necesario determinar qué espacios *online* son los que van a permitir realizar la comunicación para poder crear un buen entorno de colaboración.
- **Planificación.** Es necesario fomentar reuniones de forma periódica, mediante las que se pueda realizar un seguimiento al trabajo realizado, poder intercambiar opiniones y que exista una comunicación entre los miembros del equipo que permita hacer un seguimiento de la consecución de los objetivos, así como, favorecer a la resolución de los problemas que puedan aparecer de la forma más eficaz posible.
- **Coordinación.** En un entorno digital colaborativo es fundamental que exista una buena coordinación entre todos los participantes, donde se reflejen las tareas que debe realizar cada uno, mediante la **elaboración de cronogramas.**

Para que el entorno digital de colaboración funcione de forma efectiva es necesario establecer unos objetivos claramente definidos, tanto de forma global como individual, para que, de esta forma, queden claras las responsabilidades de cada uno de los miembros de trabajo y el proyecto pueda salir adelante.

IMPORTANTE

Para que un entorno digital colaborativo esté bien implementado, es importante que exista confianza entre los miembros del mismo, para así tener tranquilidad de que el proceso se está desarrollando adecuadamente y cada paso va funcionando correctamente.

APLICACIÓN PRÁCTICA

Julio forma parte de un equipo de trabajo en su empresa. Su jornada laboral es intensiva y dos días a la semana teletrabaja para favorecer la conciliación familiar. Como él, varios miembros de su departamento tienen las mismas condiciones, por lo que es complicado realizar reuniones físicas en las que estén todos. Por ello, se está implementando un entorno digital de colaboración y se está decidiendo que las reuniones se puedan hacer a través de plataformas digitales como *Teams* o *Slack.* ¿Qué elemento se están desarrollando en este momento de la implementación del entorno digital?

Solución

La ubicación, ya que se está determinado el soporte por el que se va a desarrollar la comunicación entre los miembros del equipo para garantizar la efectividad del entorno digital de colaboración.

3.1. Implementación de un entorno digital colaborativo

Implementar un entorno digital colaborativo se consigue determinando qué pasos deben darse para configurar un espacio de trabajo que sea realmente cooperativo.

Lo primero que se necesita es que exista confianza entre los miembros del equipo y que ellos estén seguros de que sus opiniones y puntos de vista se van a tener en cuenta. Si el trabajador se siente valorado y escuchado, trabajará más a gusto y en confianza, por ello es importante evitar atacar o infravalorar alguna aportación, si no es la adecuada, ya que se puede dar siempre una valoración que sea constructiva.

Las evaluaciones de desempeño sirven para cuantificar el trabajo y ver los resultados de un trabajador, en función del grado de responsabilidad laboral, pero también se utilizan para ayudar a crear y generar confianza entre los trabajadores, incrementando su productividad y mejorando sus resultados.

Otro de los aspectos básicos de la implementación de un entorno digital colaborativo es establecer los objetivos de forma clara, tanto a nivel individual como general. Como todos los miembros del equipo tienen algo que aportar, cada uno debe tener asignada sus tareas o procesos, de los cuales deben responsabilizarse.

Todos los miembros del equipo aportan y, para ello, deben facilitar la comunicación entre sí. Tener *feedback* positivo es necesario para así reconocer qué aportaciones son favorables y permiten que el trabajo de todo el equipo sea productivo.

 **NOTA**

Es necesario realizar un seguimiento del proyecto para analizar en qué estado se encuentra cada uno de los procesos. En entornos de colaboración es usual que existan diferentes departamentos involucrados en la realización de las distintas tareas, por lo que el resultado final dependerá de cómo cada uno de los equipos haya ido desarrollando cada una de las fases.

Por su parte, también existen dificultades o barreras que afectan a la implementación de los entornos colaborativos digitales. Este tipo de organización del trabajo puede requerir de una inversión económica y/o de tiempo en formación para que los miembros del equipo sepan utilizar las herramientas que les ayudarán a realizar su trabajo y determinar cuál será el procedimiento que se va a seguir.

Trabajar de forma colaborativa en entornos digitales puede resultar frustrante para algunas personas, ya que, si no se gestiona adecuadamente, determinados miembros pueden sentirse incómodos ante los avances o aportaciones públicas de otros compañeros, provocando, de esta forma, una desmotivación en este tipo de empleados y menor participación por su parte.

 IMPORTANTE

Es fundamental que para el desarrollo de un buen entorno colaborativo exista un "liderazgo silencioso", es decir, que exista una persona capaz de coordinar al equipo para conseguir los objetivos, pero que sea capaz de no limitar las aportaciones de ningún miembro del equipo.

En un entorno colaborativo debe quedar claro que **todos los miembros suman** y que cada uno debe ser responsable de que sus funciones salgan adelante.

Por ello, es esencial establecer claramente cuáles son los objetivos individuales de cada miembro, para poder conseguir el objetivo común.

 IMPORTANTE

No se debe confundir entorno de colaboración con falta de responsabilidad de cada miembro sobre sus tareas.

Ante esto, surge la necesidad de aplicar **procesos de evaluación del desempeño,** para así poder corregir las tendencias que puedan afectar de forma negativa al grupo de trabajo, pero también para poder potenciar y destacar aquellos comportamientos que sean de ayuda para conseguir los objetivos. Estos procesos permiten evaluar:

Proceso del grupo
La evaluación del desempeño permite medir la organización del proyecto de forma global, si la asignación de tareas es efectiva, si existe retroalimentación entre los miembros del equipo, etc.

Desempeño de cada miembro
La evaluación del desempeño permite medir las actitudes que tiene cada miembro hacia el resto, las habilidades de cada uno, lo que cada persona ha conseguido de forma individual y los conocimientos que tiene.

3.2. Beneficios de aplicar un entorno digital colaborativo

Trabajar mediante entornos digitales cooperativos, proporciona beneficios que repercuten directamente sobre los trabajadores y la organización del trabajo, lo que provoca un efecto positivo y directo sobre la propia empresa.

En concreto, los beneficios que genera un entorno digital colaborativo son:

- **Aumento de confianza.** Trabajar en entornos colaborativos permite alentar a los miembros del equipo a participar, a que aporten sus ideas y tomen decisiones, esto se traduce en que el trabajador se sienta valorado al ver que su opinión se tiene en cuenta.
- **Mejores resultados.** Gracias a los entornos de colaboración se producen más ideas y soluciones, por lo que es mayor la posibilidad de que la opción elegida sea la más rentable para la empresa.
- **Aumento de la productividad.** Trabajar en entornos de colaboración provoca agilizar la comunicación entre el equipo y que esta sea más fluida, lo que conlleva a una mejora de la productividad.
- **Incremento de la creatividad.** Trabajar mediante entornos colaborativos permite aumentar la innovación, ya que permite una explosión de ideas de todos los miembros del equipo.
- **Ahorro de recursos y optimización del tiempo.** Como la comunicación es constante en los entornos colaborativos, los diferentes miembros del equipo se ayudan entre sí, lo que provoca que compartan los recursos. Además, ante diversas situaciones, los integrantes dan su punto de vista e, incluso, comparten vivencias o experiencias similares, lo que conlleva resolver la situación de forma más rápida, optimizando así el tiempo y los recursos.

➲ **Mayor motivación.** Mediante un entorno colaborativo lo que se busca es que todo los miembros del equipo sean iguales, son jerarquías, esto permite a los trabajadores mostrarse sin ser coartados y hacer sus aportaciones de forma más comprometida, lo que los hace sentir más motivados.

Está claro que contar con entornos digitales de colaboración es algo que proporciona múltiples ventajas para la organización, pero hay que tener en cuenta que los sectores o áreas en las que son mayores las ventajas de implementar este tipo de entornos son en las que la implicación de personas de diferentes departamentos es mayor.

 IMPORTANTE

Los entornos digitales colaborativos serán ventajosos en proyectos donde se necesitan personas de diferentes departamentos, donde existan acciones comunes que requieran la participación transversal de varios departamentos.

En una empresa todo está conectado, por lo que tener un entorno colaborativo hace que la comunicación y el contacto entre las distintas áreas sea fluida y rápida.

En definitiva, **la comunicación y la cooperación** son los dos aspectos clave en cualquier entorno colaborativo.

 TAREA 3

En la empresa de Rocío están apostando por fórmulas de trabajo híbrido, por lo que los trabajadores, varios días a la semana, trabajan mediante equipos en remoto. ¿Es rentable implementar entornos digitales de colaboración mediante esta fórmula de trabajo? ¿Qué beneficios se consiguen?

3.3. Herramientas de planificación y organización de equipos

La digitalización y automatización de los procesos ayuda a que la comunicación y cooperación tenga lugar de forma rápida y eficaz. Estas herramientas se hacen necesarias cuantos más departamentos, equipos de trabajo o personas resulten implicadas.

NOTA

Los entornos colaborativos tienen que extenderse y configurándose atendiendo a las necesidades y flexibilidad del trabajo y a las mejoras que buscan los trabajadores.

Por ello, es importante tener herramientas adecuadas para que pueda existir comunicación e intercambio de información desde cualquier lugar, además de poder realizar un seguimiento y actualización del trabajo por parte de todos los integrantes del equipo que forme el entorno colaborativo.

En los últimos años el **teletrabajo** está en auge, y es que se ha consolidado como la opción altamente eficaz para mejorar el trabajo y optimizar el tiempo, por ello, contar con herramientas que permitan establecer un entorno digital colaborativo es una necesidad básica para todas las empresas.

El trabajo online y colaborativo adquiere gran protagonismo hoy día y esta forma de trabajar permite que los proyectos o tareas se puedan llevar a cabo mediante la colaboración de varios equipos o miembros de diferentes departamentos, sin necesidad de que se encuentren situados en el mismo espacio físico.

Para poder gestionar adecuadamente el trabajo de forma colaborativa en entornos digitales, se hace necesario contar con herramientas que puedan tratar grandes cantidades de información y permitan a la entidad organizar de forma eficiente las tareas de cada miembro implicado.

Los auténticos espacios digitales de colaboración se caracterizan por contar con una tecnología que ayuda a los miembros de los equipos de trabajo a desempeñar sus tareas de la mejor manera y ser más productivos y eficientes, para ello, la tecnología es la que ayuda a conseguir dichos objetivos.

 IMPORTANTE

Las herramientas de colaboración son, en realidad, servicios informáticos que ayudan en el desarrollo del trabajo en equipo, mejorando la comunicación entre sus miembros y permitiendo que todos los participantes puedan colaborar de forma conjunta en un mismo proyecto en tiempo real sin necesidad de encontrarse en el mismo espacio físico.

Las primeras herramientas que hicieron posible esta forma de trabajar fueron los correos electrónicos o *e-mails,* pero, posteriormente han ido apareciendo nuevas herramientas que permiten el trabajo colaborativo, como son:

- ⮑ **Pizarras interactivas.** Son herramientas virtuales que ayudan a sintetizar la información y a retener el conocimiento de las ideas expuestas en una reunión a través del uso de pantallas de ordenador conectadas a un proyector. Esta herramienta permite a los asistentes realizar anotaciones y compartirlas con el resto.
- ⮑ **Videoconferencia.** Contar con este tipo de sistemas ayuda a minimizar gastos en viajes de negocios, ahorrar tiempo en desplazamientos y aumentar la colaboración de los equipos de trabajo entre proyectos.
- ⮑ **Equipos audiovisuales y domóticos.** Mediante este tipo de herramientas se permite establecer un control total sobre el trabajo de los diferentes equipos. Es posible controlar el apagado y el encendido de los equipos informáticos a través del sistema de detención de presencial cuando no haya personas en el espacio físico.

Cualquier organización, sea cual sea su sector, debe contar con herramientas que le permitan facilitar el trabajo, mejorar la gestión de espacios y optimizar la cooperación en los entornos digitales de colaboración, además de garantizar que se puedan compartir ideas y contenidos de forma sencilla.

3.4. Organización de entornos digitales

Contar con un entorno digital que sea ágil y eficiente es fundamental en el entorno competitivo en el que se mueve en cualquier sistema organizacional. Por ello, es esencial utilizar herramientas colaborativas, ya que son las que ayudan a garantizar la comunicación fluida y el trabajo en equipo.

 IMPORTANTE

El desarrollo de *software* informático avanza a pasos agigantados, ya que además de poder diseñar páginas webs, se puede gestionar contenido simplificando la interacción entre los equipos de trabajo y optimizando los procesos de la empresa.

Implantar *software* colaborativo en una organización permite que esta cuente con canales de comunicación directa, propiciando una comunicación transparente y fluida, eliminando barreras como la distancia o el tiempo.

A través de herramientas como la videoconferencia, mensajería instantánea o inclusión de comentarios en tiempo real, los equipos de trabajo pueden compartir ideas y recibir retroalimentación de forma rápida y eficiente.

Las herramientas que adquiera la empresa deben permitir que varias personas puedan trabajar con documentos compartidos y editarlos de forma simultánea. De esta forma, es posible mejorar los tiempos y minimizar los esfuerzos, permitiendo que todos los miembros del equipo puedan trabajar de forma eficiente.

IMPORTANTE

Los *softwares* deben ser capaces de garantizar el acceso y el almacenamiento a la documentación de forma centralizada, normalmente, esto se consigue utilizando la nube, reduciendo el riesgo de pérdidas y garantizando que se puede acceder de forma remota sin dificultad y desde cualquier lugar.

Es esencial que los equipos puedan estar conectados, por lo que es necesario que los *softwares* sean compatibles con diferentes dispositivos o herramientas, permitiendo la flexibilidad a la hora de trabajar.

Las herramientas de colaboración deben ser capaces de **fomentar la innovación y la creatividad,** de forma que compartiendo un lugar de trabajo común, sea posible una colaboración mayor en la resolución de problemas, rompiendo las barreras de comunicación y propiciando que el equipo pueda compartir ideas de forma más libre, lo que conlleva encontrar soluciones más eficaces.

En definitiva, contar con servicios de chats, videollamadas o plataformas que tengan un sistema de gestión documental, garantiza la colaboración y el trabajo conjunto de los equipos, de forma que se intercambian ideas de manera eficiente y se consiguen finalizar los proyectos en los plazos determinados, sin importar cuándo se trabaje o dónde se encuentre el empleado.

ACTIVIDAD COMPLEMENTARIA

6. Reflexiona si las herramientas digitales de colaboración aumentan el compromiso de los trabajadores con la organización.

3.5. Espacios de trabajo en equipo y gestión de proyectos

Crear espacios de trabajo en equipo en entornos colaborativos dentro del ámbito laboral, permite potenciar la cooperación entre los diferentes equipos de trabajo de distintos departamentos de la mima empresa.

Este tipo de espacio busca mejorar el clima laboral y conectar todos los departamentos de la empresa de forma fácil y sencilla, permitiendo el desarrollo de la creatividad de los miembros en la gestión de los proyectos y resolución de problemas, así como la innovación y el afianzamiento de la cultura empresarial.

 IMPORTANTE

Trabajar en colaborativo requiere definir los espacios de trabajo en los que se van a reunir los diferentes miembros de los equipos, donde cada uno tendrá su propio rol con perspectivas diferentes, pero con el objetivo de resolver problemas y crear soluciones de forma conjunta para que la gestión del proyecto sea beneficioso para la empresa.

Impulsar entornos digitales de colaboración que fomenten el trabajo en equipo es, hoy en día, un reto empresarial cada vez mayor, donde los espacios de trabajo se desarrollan en un entorno remoto que une a los diferentes integrantes.

Es por ello que las nuevas tecnologías adquieren un peso importante a la hora de construir espacios de trabajo en equipo, ya que pueden ampliarse a entornos colaborativos a distancia, gracias a las plataformas y herramientas de colaboración digital que se han desarrollado en los últimos años.

Sea como sea, trabajar en un entorno digital de colaboración exige que entre los miembros del equipo haya una **buena comunicación, asertividad y respeto,** para poder gestionar adecuadamente los proyectos y conseguir los resultados deseados.

Cuando se trabaja en este tipo de espacios, las jerarquías o rangos deben dejarse a un lado. Aunque es inevitable que alguno de los miembros sea el que coordine el trabajo y dirija al grupo, el resto del equipo debe sentirse integrado y sus aportaciones deben tenerse en cuenta, es decir, no se debe limitar la expresión de nadie simplemente porque sea un empleado que no tenga responsabilidad o no sea un directivo.

Los espacios en equipo colaborativos deben facilitar el trabajo multidisciplinar, ya que son entornos en los que diferentes ideas o conocimientos se unen con el mismo objetivo, aportar una solución conjunta.

Para que el espacio de trabajo que se genere sea el más adecuado, es esencial que entre los miembros del equipo exista una buena comunicación, por lo que será fundamental que existan dos características importantísimas:

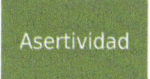
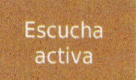

Asertividad en espacios de trabajo en equipo y gestión de proyectos

Cuando se habla de asertividad, nos referimos a la forma de una persona de expresar su opinión, ya que para que se cumpla esta característica tiene que dar su punto de vista de una forma firme y sin titubear.

 **DEFINICIÓN**

Asertividad laboral
Es una forma de comunicarse donde el trabajador da su punto de vista de forma firme, pero respetuosa y sin ser grosero ni mal educado, de manera que el resto de los participantes reciben la información de forma de forma cordial.

Es decir, ser asertivos dentro de un equipo de trabajo requiere que la persona sepa dialogar y escuchar, transmitiendo su idea de forma firme, pero sin tratar de imponerla a los demás.

Es importante no perder de vista que, dentro de una organización, los trabajadores son el aspecto más valioso, ya que de su desempeño va a depender el rendimiento empresarial y el grado de productividad.

Cada persona dentro de un grupo de trabajo tiene su propia personalidad, pero el objetivo de todos es el mismo y que se consiga es responsabilidad de todos, por ello, cuando se gestiona el equipo no se debe perder de vista que todos los miembros son parte del engranaje, de forma que, si uno no funciona correctamente, el resultado final no será el deseado.

Si la comunicación dentro del equipo de trabajo no es asertiva puede ocurrir que:

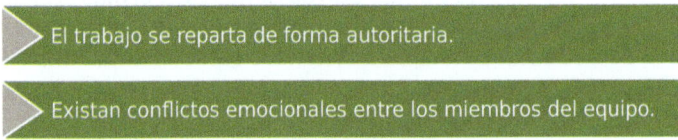

> El trabajo se reparta de forma autoritaria.

> Existan conflictos emocionales entre los miembros del equipo.

Por ello es fundamental que exista una buena comunicación, donde todos los miembros del equipo se sientan parte del grupo y se involucren en la toma de decisiones.

Escucha activa en espacios de trabajo en equipo y gestión de proyectos

Los miembros de un equipo de trabajo deben tener una cualidad y es la escucha activa, ya que permitirá crear relaciones sólidas entre los miembros y comprender a los demás.

 **DEFINICIÓN**

Escucha activa
Es la forma de escuchar mostrando interés en lo que dicen los demás, para ello hay que estar atento y con plena conciencia de lo que la otra persona o personas están expresando.

Cuando se presta atención a la persona que está hablando sin interrumpir, sin emitir juicios de valor y presentando interés en lo que nos transmite, proporciona seguridad en la persona que comparte su idea y se desarrollará un proceso de comunicación más efectivo.

Dentro del entorno digital de colaboración, la escucha activa produce un ambiente positivo, ya que fomenta la participación de los integrantes del equipo al sentirse comprendidos, apoyados y motivados, por lo que es clave la empatía y hace posible que se tomen mejores decisiones.

 TAREA 4

Pedro, Carmen y Luis forman un equipo de trabajo y están gestionando un proyecto, pero se han encontrado con un problema. Carmen y Pedro se encuentran fuera de la oficina y Luis está teletrabajando, por lo que deciden hacer una reunión por videoconferencia para tratar de resolver el problema, ya que es algo urgente. Después de una hora, no llegan a un acuerdo, puesto que Carmen no muestra interés en lo que dicen los demás, trata de imponer sus ideas por encima de las otras y no llegan a encontrar una solución. Ante esto, Luis se desmotiva porque no se le escucha y no quiere seguir con la reunión, ¿qué pueden hacer para tratar de solventar el problema?

4. Resumen

Tener herramientas de colaboración en una empresa permite repartir de una forma eficiente las tareas entre los diferentes miembros de un equipo de trabajo, creando proyectos integrados donde el desarrollo del trabajo puede llevarse a cabo mediante el uso de canales virtuales que permitan que las personas estén conectadas sin necesidad de que se encuentren en el mismo espacio físico.

Contar con herramientas de colaboración permite a las empresas:

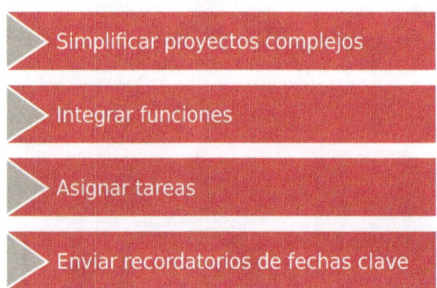

Las herramientas de comunicación y compartición de información se concretan en programas informáticos que permiten simplificar tareas y alcanzar mejores resultados. Este tipo de herramientas deben tener amplias funcionalidades y permitir que los equipos de trabajo hagan uso de lo siguiente:

Las funcionalidades que se deben considerar para que el entorno digital colaborativo proporcione una comunicación ágil en la gestión de los proyectos son las siguientes:

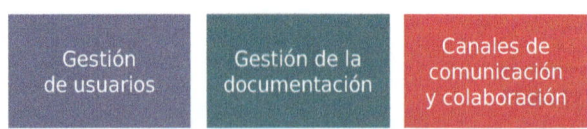

Los entornos digitales de colaboración son aquellos espacios donde las personas pueden reunirse, trabajar de forma *online* y que buscan incentivar la comunicación y cooperación de los integrantes de un equipo de trabajo o de diferentes departamentos que necesitan estar conectados para el desempeño de sus funciones.

Desarrollar un buen entorno digital de colaboración debe tener en cuenta los siguientes elementos:

Trabajar mediante entornos digitales cooperativos proporciona beneficios que repercuten directamente sobre los trabajadores y la organización del trabajo, lo que provoca un efecto positivo y directo sobre la propia empresa. En concreto, los beneficios que genera un entorno digital colaborativo son:

Las primeras herramientas que hicieron posible esta forma de trabajar fueron los correos electrónicos o *e-mails,* pero, posteriormente, han ido apareciendo nuevas herramientas que permiten el trabajo colaborativo como son:

Para que el espacio de trabajo que se genere sea el más adecuado, es esencial que entre los miembros del equipo exista una buena comunicación, por lo que será fundamental que existan dos características importantísimas:

Ejercicios de autoevaluación
Unidad de Aprendizaje 2

1. ¿Qué permiten las herramientas de colaboración?

    a. Complicar proyectos simples.
    b. Integrar funciones.
    c. No acordarse de fechas claves.
    d. No asignar tareas.

2. ¿Qué no consiguen las herramientas de comunicación y compartición de información?

    a. Menor seguridad
    b. Lenta comunicación
    c. Automatización de procesos
    d. Empeorar la gestión del tiempo

3. ¿Dónde se puede indicar un sistema de alertas y notificaciones?

    a. Gestión de usuarios
    b. Gestión de la comunicación
    c. Canales de comunicación y colaboración
    d. Gestión de redes

4. Determina si la siguiente oración es verdadera o falsa: "El objetivo de trabajar mediante entornos colaborativos es fomentar la cooperación de los miembros que trabajan en el mismo equipo, provocando un mayor dinamismo, lo que repercute positivamente en la motivación y el clima laboral de empresa".

    ■ Verdadero
    ■ Falso

5. ¿Qué se puede conseguir creando entornos colaborativos de trabajo?

    a. Minorar la cooperación dentro del equipo de trabajo.
    b. Disminuir la productividad.

c. Eliminar la creatividad.

d. Mejorar la innovación.

6. Determina si la siguiente oración es verdadera o falsa "Por entorno colaborativo digital, solo se debe imaginar el espacio donde se desarrolla la acción".

   ■ Verdadero
   ■ Falso

7. ¿Mediante qué elemento del entorno digital de colaboración es necesario determinar qué espacios *online* son los que van a permitir realizar la comunicación para poder crear un buen entorno de colaboración?

   a. Ubicación
   b. Planificación
   c. Coordinación
   d. Reunión

8. ¿Cómo ayuda la evaluación del desempeño a la colaboración en entornos digitales?

   a. Permite medir la organización del proyecto de forma global.
   b. Permite medir si existe retroalimentación entre los miembros del equipo.
   c. Permite medir las actitudes que tiene cada miembro hacia el resto.
   d. Todas las opciones son correctas.

9. ¿Cuál de las siguientes afirmaciones no es un beneficio de trabajar en entornos colaborativos?

   a. Los entornos colaborativos alienta a los miembros del equipo a que aporten sus ideas.
   b. Los entornos colaborativos alientan a los miembros del equipo a que tomen decisiones.
   c. Los entornos de colaboración ayuda a la generación de ideas.
   d. Los entornos de colaboración establecen un orden jerárquico dentro del grupo de trabajo.

10. ¿Cuáles son los aspectos claves de un entorno colaborativo?

      a. La comunicación y la influencia en los demás.
      b. La cooperación y la comunicación.
      c. La comunicación y la persuasión sobre los demás.
      d. La capacidad de escuchar y la influencia sobre los demás.

Participación activa en la sociedad digital

Contenido

Objetivos

El objetivo general de esta Unidad de Aprendizaje es:

→ Planificar y desarrollar proyectos de cultura digital y tecnológicos de interés social, promoviendo la participación ciudadana y facilitando la democracia en red.

Los objetivos específicos de esta Unidad de Aprendizaje son:

→ Identificar proyectos culturales digitales y tecnológicos.

→ Analizar cómo se pueden organizar los servicios digitales para la participación ciudadana en temas de interés social y cultural.

→ Análisis de herramientas para facilitar la democracia en red.

1. Introducción

Cada vez es más usual que todas las personas utilicen las nuevas tecnologías y el uso de internet en la vida cotidiana y en el quehacer diario, hoy en día, es raro que alguien no consulte cualquier cosa a través de internet, bien sea mediante un ordenador, en tableta o en teléfonos móviles, esto es lo que se conoce como sociedad digital.

Para adaptarnos al mundo que nos rodea, los ciudadanos hemos tenido que asimilar que es necesario integrar las nuevas tecnologías en el contexto personal, familiar y laboral, ya que nos conectamos con otras personas mediante mensajes de texto o *e-mail,* podemos escuchar música o ver la televisión a demanda, leemos libros de forma electrónica, etc. Estos son tan solo varios ejemplos de las cosas que se hacen día a día de manera digital.

Vivir conectados como sociedad digital permite normalizar acciones de forma rápida y provoca en la ciudadanía muchas ventajas, ya que permite crear una sociedad globalizada, donde se mejore la comunicación y se facilite la colaboración entre los ciudadanos.

Aunque la sociedad digital es algo positivo, también puede tener consecuencias negativas, por lo que es esencial que cada individuo sepa utilizarla y convivir en este entorno digitalizado para evitar el impacto negativo.

Para abordar en profundidad la participación activa en la sociedad digital, vamos a centrarnos en el caso de la empresa AUTOTIC, S. L., que está promocionando los últimos modelos de vehículos de alta gama para captar al mayor número de clientes.

2. Identificación de proyectos culturales digitales y tecnológicos

 **HILO CONDUCTOR**

La empresa AUTOTIC, S. L. quiere identificar qué tipos de proyectos culturales, digitales y tecnológicos pueden ser de su interés para dar a conocer los últimos vehículos entre los ciudadanos que necesiten adquirir uno. Este tipo de proyectos

Continúa en página siguiente >>

<< Viene de página anterior

pueden convertirse en una herramienta que aporte beneficios a través de las mejoras tecnológicas y digitales.

La forma de relacionarse socialmente, así como el conjunto de prácticas y costumbres que hacen que la interacción social se realice teniendo como base internet, es lo que hace que surja la cultura digital y tecnológica.

 IMPORTANTE

El desarrollo de las tecnologías ha cambiado la forma que tienen los ciudadanos de ver la vida y de relacionarse, es decir, se ha creado una nueva cultura, como es la digital y tecnológica.

La **cultura digital** hace referencia a aquellas costumbres o maneras de relacionarse con los demás a través de las tecnologías digitales.

👁 **EJEMPLO**

Un ejemplo de cultura digital puede ser la forma de comunicarse utilizando las redes sociales, lo que hace que el proceso de comunicación sea más rápido, que se dé en cualquier lugar y con mayor facilidad, además, gracias a la tecnología, se pueden utilizar las videollamadas como mecanismo de comunicación directa.

La cultura digital hace posible que la ciudadanía esté en constante transformación mediante prácticas sociales que permiten el crecimiento continuo como sociedad, propiciando poder interactuar con personas que se encuentren al otro lado del mundo de forma rápida utilizando los medios electrónicos, los cuales permiten alcanzar beneficios tanto sociales, como económicos o educativos.

Sin las nuevas tecnologías de la información y la comunicación, conocidas como TIC no sería posible hablar del concepto de cultura digital.

Para entender lo que engloba la cultura digital, es necesario conocer varios conceptos que influyen en que esta continúe transformándose y evolucionando:

- **World Wide Web.** Es lo que llamamos WWW o lo que interiorizamos como documentos, textos, fotos, etc. que requieren el uso, o no, de internet. En concreto, se basa en hipervínculos y páginas por las que se pueda navegar, como las páginas webs, los navegadores, las URL, etc.
- **Internet.** Es la base de la cultura digital, ya que a través de este sistema es por donde se intercambian los datos por todo el mundo.
- **TIC.** Tecnologías de la información y la comunicación. Se refiere a los instrumentos o herramienta que hacen que la información se transmita a cualquier lugar del mundo. Las tecnologías de la información y la comunicación (TIC) son todas aquellas herramientas, saberes y prácticas que hacen fluir la información desde cualquier parte del mundo. Las TIC permiten realizar gestiones comerciales, administrativas, de *marketing* o publicidad procesando grandes cantidades de información y dándolas a conocer a todo el mundo a gran velocidad.
- **Red social.** Mediante este sistema es posible interactuar e intercambiar información entre personas utilizando internet en cualquier parte del mundo. Este tipo de comunicación ha hecho posible el desarrollo de la globalización.

En resumidas cuentas, por cultura digital se entiende todo lo que rodea al ser humano y tiene un carácter cibernético.

La cultura digital ha provocado cambios en diferentes sectores de la sociedad como son:

- **Educación.** Introducir nuevas tecnologías en este ámbito ha propiciado el desarrollo de la informática, permitiendo que la información sea más accesible para los estudiantes.

- ⇨ **Empresarial.** Partiendo de una cultura digital, las empresas, tanto públicas como privadas, han podido expandirse de forma más simple y rápida, siendo más competitivas.
- ⇨ **Financiero.** Llevar a cabo técnicas de cultura digital, ha hecho posible el cambio de cómo se acceden a los productos y servicios financieros, ya que las estrategias de *marketing* han propiciado que la relación entre las empresas y los consumidores sean mayores.

 **VÍDEO**

La cultura digital es muy importante en el entorno digital, consulta qué conceptos son básicos para comprender por qué este término es fundamental para navegar por la red accediendo desde aquí:

https://redirectoronline.com/fcoi200301

2.1. Tecnología y digitalización

En el entorno cada vez más grande y globalizado, donde hay mucho trasvase de datos e información, es necesario que la estrategia se adapte a un entorno digitalizado que está en constante evolución. La gran mayoría de la población mundial utiliza internet o la telefonía móvil, lo que ha hecho que surja una nueva cultura digital.

Las tecnologías digitales son las que están cambiando la forma de ver el mundo, ayudando tanto a particulares como profesionales a adaptarse a un mundo globalizado, ya que tanto la vida diaria como la laboral se ven influenciadas por el uso de este tipo de tecnología.

Vivir en una sociedad digitalizada conlleva a estar en constante evolución e innovación para, así, estar actualizado en los nuevos avances tecnológicos.

NOTA

A la cultura digital se le conoce como cibercultura y se basa en utilizar las tecnologías de la informática para potenciar el mercado digital o electrónico, además de como medio de comunicación para el entretenimiento.

2.2. Aspectos generales de la cultura digital

Para que exista la cultura digital es necesario que exista un cambio en la mentalidad de la ciudadanía, que se materializará a través del sector empresarial.

La cultura digital tiene como objetivo prioritario el de optimizar modelos, procesos, sistemas o estructuras que ya existen.

NOTA

La cultura digital trata de cómo las personas interactúan con las nuevas tecnologías en su vida diaria o trabajo y ver la influencia de ellas.

El enfoque de la cultura digital cambia según sea necesario en las empresas y dependiendo de lo que exige el mercado.

Al hablar de cultura digital nos referimos a dos enfoques:

> Influencia de la tecnología en el trabajo y la producción

> Cómo se comportan los ciudadanos en relación con el contacto que tienen con la tecnología

Para poder desarrollar proyectos de cultura digital es muy importante tener en cuenta los siguientes aspectos:

> **Mejora la competitividad**
> El uso de las tecnologías impulsan el desarrollo, por ello es importante establecer una cultura digital, para que los usuarios puedan mejorar su desempeño y crear un ambiente en el que se permita establecer objetivos futuros para ir adquiriendo nuevas incorporaciones tecnológicas, ya que estas están en constante evolución.

> **Aprovecha la tecnología**
> Debido a que todo fluye de manera muy rápida y la tecnología está constantemente cambiando y evolucionando, es necesario que los usuarios sean capaces de arriesgarse y experimentar, lo que se consigue estableciendo una cultura digital.

Es fundamental tener presente que la cultura digital ayuda a que siga existiendo una transformación digital y para que sea efectiva es importante contar con los siguientes elementos:

 **NOTA**

Tener liderazgo digital abarca una perspectiva empresarial u organizacional, pero también a cada individuo o persona, ya que hace referencia a cómo cada uno gestiona su ámbito privado o profesional, puesto que lo estamos aplicando en cada clic que se hace en internet, en cada contenido que se comparte o en cada información que se almacena o descarga.

Por su parte, la cultura digital lleva aparejadas las siguientes ventajas:

- ⮐ **Promueve la innovación.** Hace posible que las personas puedan ayudarse y colaborar, lo que conlleva el acceso a tecnologías complejas con costes asequibles.
- ⮐ **Mejora la comunicación.** Permite que exista una mejor comunicación de forma segura e inmediata gracia a la evolución de internet, redes sociales, correos electrónicos o videollamadas.
- ⮐ **Mejora la competitividad empresarial.** Gracias a las novedades digitales se permite aumentar la productividad y eficiencia desde el ámbito empresarial, comercial o profesional en general.
- ⮐ **Influencia positiva en el entorno educativo.** Gracias a la cultura digital, tanto estudiantes como personal docente tienen la oportunidad de acceder a multitud de fuentes de información para ayudarles en sus tareas, como son foros, blogs, *newsletter*, etc.

Lo que debe quedar claro es que la cultura digital hay que definirla desde usuarios y organizaciones, que son los que van a conseguir desarrollar procesos de transformación digital.

Los objetos de la cultura digital son dinámicos y están en constante cambio.

Los cambios culturales y tecnológicos van a ser constantes dentro del desarrollo de una cultura digital, lo que implica que los usuarios sean capaces de adaptarse, ya que no consiste simplemente en implementar tecnologías, sino en tener claro el enfoque de la digitalización y adaptarse a lo que venga. Por ejemplo, todo cambia, desde nuevas regulaciones legales en políticas de privacidad, algoritmos diferentes, nuevas tendencias en el consumo, etc.

Por ello, cada tiempo se actualizan los *softwares,* los sistemas *cloud,* etc., de ahí la importancia de mantenerse actualizado y al día con los cambios efectuados.

 ACTIVIDAD COMPLEMENTARIA

7. Indica qué puede ser un ejemplo de cultura digital.

2.3. Definición de proyectos culturales y tecnológicos de interés social. Actualización y novedades en proyectos culturales y tecnológicos

Por proyecto cultural y tecnológico se entiende el que está orientado a conseguir objetivos que buscan un grupo de personas determinado, comunidad o sociedad específica mediante el uso de la tecnología.

Está formado por los hábitos, tradiciones, creencias o formas de actuar de determinados colectivos o grupos sociales. Los proyectos culturales o tecnológicos se encargan de promover determinadas acciones que hacen posible la difusión o conservación de comportamientos comunes entre individuos.

NOTA

Hay que destacar un término que está evolucionando desde el siglo XIX, como es el de tecnología social, que se centra en utilizar los avances tecnológicos para resolver cuestiones de la humanidad, como las desigualdades entre culturas o grupos, el acceso a la energía, educación trabajo o salud.

La transformación digital ayuda a desarrollar proyectos culturales y tecnológicos de interés social, ofreciendo multitud de ventajas como:

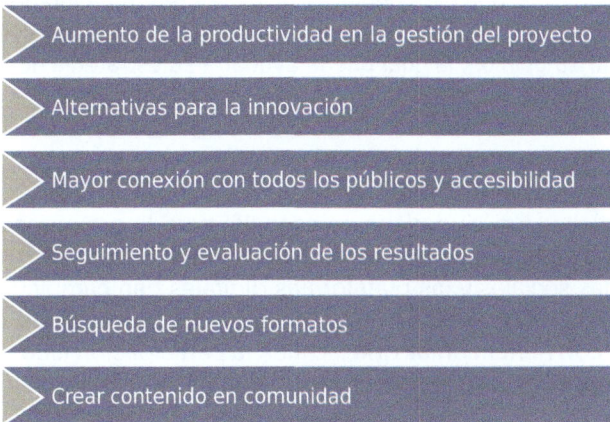

- Aumento de la productividad en la gestión del proyecto
- Alternativas para la innovación
- Mayor conexión con todos los públicos y accesibilidad
- Seguimiento y evaluación de los resultados
- Búsqueda de nuevos formatos
- Crear contenido en comunidad

La transformación digital afecta no solo a la forma de relacionarse, también a la forma en la que se aceleran los ritmos en los que van ocurriendo los cambios, por ello influye de manera significativa en la evolución y transformación de actividades, propiciando la actualización y novedades en procesos y proyectos culturales y tecnológicos, que se basan en aprovechar al máximo las oportunidades que ofrecen las tecnologías digitales de forma estratégica.

Las novedades en proyectos culturales y tecnológicos se basan en que el objeto de lo que se crea ya no es lo importante, sino que, ahora, lo fundamental es el destinatario final, es decir, se centra la atención **hacia quién va a recibir ese proyecto,** hacia el espectador final.

Se trata de atraer nuevos públicos y afrontar nuevos retos, renovando los proyectos y consiguiendo llegar a nuevas generaciones. Para conseguirlo basta con hacer que el público se identifique con los proyectos y estos estén actualizados a las últimas tendencias.

3. Organización de servicios digitales para la participación ciudadana en temas de interés social y cultural

☞ HILO CONDUCTOR

Es fundamental que para poder participar en temas de interés social y cultural la empresa AUTOTIC, S. L. sepa organizar los servicios digitales, para así poder expresar su opinión, la cual puede ayudar a su estrategia de *marketing* y mejorar las ventas previstas.

La participación ciudadana es esencial para la organización de servicios digitales en temas de interés social y cultural. En un entorno digital, donde las redes sociales y las plataformas digitales han cambiado la forma en la que nos comunicamos y nos relacionamos como sociedad, es fundamental contar con herramientas que faciliten la participación ciudadana y que permiten conectarse y compartir información de forma efectiva.

La participación ciudadana hace referencia a cómo los individuos o grupos de personas pueden influir en la vida política, social o económica que afecta de forma directa a la vida cotidiana, la cual está muy influenciada por los servicios digitales.

Hay muchas formas de hacer efectiva la participación ciudadana, desde tomar decisiones, elegir entre opciones o llevar a cabo proyectos comunitarios de interés social y cultural. Cada tipo de participación es importante y ayuda a mejorar la inclusión social.

El impacto y el desarrollo que han experimentado el uso de redes sociales y plataformas digitales en la sociedad ha sido exponencial y ha cambiado la forma en la que nos relacionamos en todos los ámbitos, desde el personal, laboral, sanitario, etc.

 **NOTA**

El uso de redes sociales ha hecho posible, además de mejorar las relaciones y estar conectados, la posibilidad de mostrar opiniones y participar en tertulias de cualquier temática que sea de interés social.

- -

Cabe destacar que las redes sociales han hecho posible la aparición de una nueva forma de participación ciudadana, donde los individuos pueden movilizarse y reivindicar sus necesidades de forma rápida y consiguiendo una mayor visibilidad, debido al poder de convocatoria que tiene esta herramienta.

En concreto, los servicios digitales han hecho posible que los grupos sociales puedan promover movimientos que hagan calar en la sociedad y aumente la participación ciudadana en temas de interés social y cultural.

3.1. Herramientas de pensamiento creativo y lluvia de ideas

Como la sociedad está cambiando, es fundamental fomentar la participación ciudadana teniendo en cuenta herramientas y estrategias que se desarrollen en redes sociales.

En concreto, existen herramientas en el entorno de las redes sociales que permiten fomentar la participación ciudadana como son:

- **Encuestas *online*.** Esta herramienta hace posible que las personas den su opinión sobre un tema concreto y de interés común.
- **Debates en línea.** Esta herramienta hace posible que las personas puedan discutir sobre un tema determinado que interese a un público concreto de forma *online*.
- **Peticiones *online*.** Son consultas que se llevan a cabo mediante las redes sociales o plataformas digitales y que permiten que el ciudadano apoye o rechace una determinada iniciativa. Mediante esta herramienta se puede conseguir hacer presión a nivel gubernamental, si se consigue un gran número de apoyos.

Las redes sociales se han consolidado, en los últimos tiempos, como herramientas que ayudan a organizar reivindicaciones sociales, protestas o manifestaciones de temas de interés público. Cada vez es más usual el poder expresar opiniones o realizar protestas mediante una plataforma digital.

Es importante que para que existan este tipo de herramientas el respeto de las diferentes participaciones será el elemento esencial. Para conseguirlo es fundamental la educación digital.

 **IMPORTANTE**

Tomar una actitud de responsabilidad, analítica y crítica es esencial para garantizar que existan proyectos de interés cultural que fomenten la participación ciudadana.

TAREA 5

Julia, responsable de una empresa dedicada a la fabricación y distribución de perfumes, está realizando un estudio sobre la opinión que tienen los clientes, o potenciales clientes, en un determinado producto que acaba de salir al mercado dirigido a la población femenina. ¿Cuál de las herramientas que permiten aumentar la participación ciudadana en redes sociales se podría utilizar para realizar este estudio?

- -

El pensamiento creativo

Se entiende por pensamiento creativo una habilidad que tiene un ser humano basada en la capacidad de crear ideas nuevas y originales que ayuden a solucionar problemas diarios. Se trata de pensar en nuevas ideas o conceptos desde un punto de vista diferente, donde las soluciones son innovadoras y sorprendentes.

El pensamiento creativo es la capacidad de invención o imaginación que tiene una persona.

 EJEMPLO

Algunos ejemplos de pensamiento creativo son canciones o poemas, recetas gastronómicas originales, juegos de fantasía.

- -

Para que el pensamiento crítico sea adecuado, es necesario que los ciudadanos cumplan con las siguientes características:

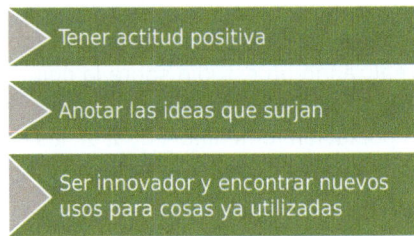

Las redes sociales hacen posible que las personas con pensamiento creativo puedan mostrar sus ideas y encontrar a otras personas con las que poder formar un equipo creativo en el que expresen sus ideas innovadoras, buscando elaborar proyectos creativos.

Lluvia de ideas

La lluvia de ideas es un sistema que se usa en los grupos de trabajo donde, a través de la exposición de ideas de sus miembros, las cuales surgen de forma espontánea y sin presión, intentan encontrar la solución a un tema concreto. Esta técnica es conocida como **brainstorming.**

Es una de las mejores técnicas para encontrar puntos de vista comunes entre varios miembros y lleva consigo las siguientes características:

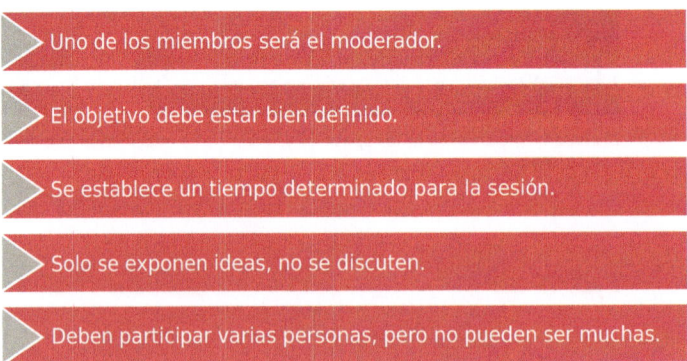

La lluvia de ideas es una de las técnicas más utilizadas en el entorno digital, siempre que se quiera buscar ideas para poder resolver un tema concreto. El uso de esta herramienta en entornos virtuales hace posible disminuir el bloqueo en procesos donde los participantes hablen demasiado y permite que cada persona agregue su idea de forma más escalonada y organizada.

NOTA

Esta técnica permite que se pueda realizar de forma anónima, lo que hace que todos los miembros puedan participar y dejar su opinión sin sentirse coaccionados ni tener miedo de la reacción de los demás ante su punto de vista.

En la actualidad, hay muchas herramientas de lluvias de ideas entre las que se puede elegir, existiendo *softwares* que se adaptan a cada necesidad. Para elegir una adecuada se debe tener en cuenta:

> Las **posibilidades que aporta,** es decir, cómo va a mostrar la información, si mediante un mapa de idea, un gráfico, etc.

> La **capacidad que tiene,** si permite conectarse con varias personas que se encuentren en diferentes ubicaciones.

> Que sea **compatible con varios sistemas operativos** para que los diferentes miembros que quieran opinar puedan hacerlo sin limitaciones tecnológicas.

Hay muchas herramientas, tanto gratuitas como de pago, que permiten establecer un proceso de lluvias de ideas de forma *online* o virtual.

En la lluvia de ideas no hay un único sistema, ya que dependerá de cómo se esté llevando a cabo el proyecto, como son los miembros del equipo y las preferencias personales de cada uno.

3.2. Sociogramas

Una de las formas más eficaces de medir cómo son las relaciones sociales entre un grupo de personas es mediante el uso de los sociogramas, método utilizado frecuentemente en ámbitos como la educación y la investigación social.

DEFINICIÓN

Sociograma

Trata de explicar cómo se relacionan los grupos sociales, es decir, muestra de forma gráfica cuáles son los vínculos sociales que unen a las personas.

Los sociogramas son utilizados sobre todo en el sector de la educación y en las organizaciones, aunque puede trasladarse a cualquier ámbito, ya que investiga cómo sería la acción participativa dentro de un grupo, cómo son sus interacciones y sus relaciones interpersonales.

En concreto, un sociograma permite:

- **Hacer un seguimiento de la estructura de un equipo.** Mediante esta herramienta se puede medir cómo es su estructura, representando gráficamente las relaciones entre los miembros, lo que permite mejorar el comportamiento social.
- **Conocer la relación de los miembros del grupo.** Utilizando esta herramienta se puede ver cómo son las relaciones entre los miembros del grupo de opinión, quiénes conectan mejor, si existen conflictos o antipatías entre ellos. Pero, además, es una herramienta utilizada para solucionar problemas que no se perciben a simple vista.
- **Fortalecer a los miembros de los grupos.** Mediante esta herramienta se puede observar qué miembros del grupo se llevan bien y se complementan para trabajar.
- **Identificar a los líderes.** Esta herramienta hace posible identificar a los miembros que pueden ser los líderes o los que dirigen al resto del equipo.

Los sociogramas aportan información sobre qué puede ayudar a consolidar formas de contacto eficaces, así como mejorar la participación de los miembros del grupo en las iniciativas o promover una cultura de creatividad.

Para llevar a cabo un sociograma será necesario:

- **Elegir a los miembros.** Lo primero que hay que hacer a la hora de desarrollar un sociograma es determinar qué participantes se van a incluir, es decir, si abarcará a todo el grupo, a miembros individuales o, incluso, a personas que no están directamente en el equipo, pero que influyen en el mismo. Para determinarlo es importante tener claro qué resultado se espera obtener con la aplicación de un cronograma.
- **Definición de un diagrama de origen.** De forma general, se puede hacer un diagrama simple donde se reflejen los nombres de los miembros y las interacciones o relaciones entre ellos.
- **Periodicidad del contacto.** Se indicaría con qué frecuencia interactúan los diferentes miembros del equipo, distinguiendo entre diferentes tipos de línea en función de si la relación es más o menos frecuente.
- **Identificar problemas.** Se puede reflejar en colores con qué personas no se está de acuerdo o se identifican conflictos.

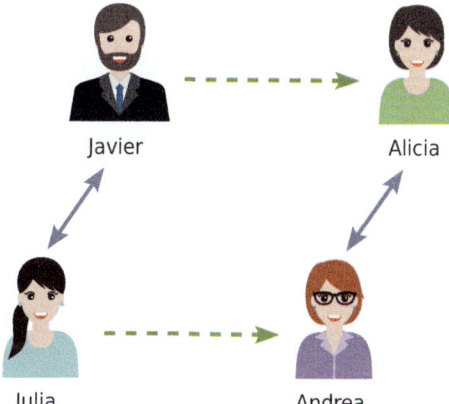

Ejemplo de sociograma donde las líneas moradas representan que existe interacción por ambas partes y las líneas cortadas indican que la relación solo es unidireccional.

3.3. Encuestas y votaciones

La forma de hacer encuestas y votaciones ha evolucionado significativamente, debido al auge de internet y nuevas tecnologías.

Cada vez es más frecuente que cualquier individuo cree o participe en una encuesta en línea.

 **DEFINICIÓN**

Encuesta en línea

Se realizan de forma *online* y pretenden que los ciudadanos den su opinión sobre un tema concreto proponiendo una o dos preguntas que se responden en poco tiempo.

Mediante una encuesta se puede recoger información sobre un determinado colectivo de personas, ya que con una serie de preguntas se pueden llegar a extraer conclusiones que afecten a un grupo de interés o población concreta.

Para elaborar una encuesta hay que tener claros los siguientes elementos:

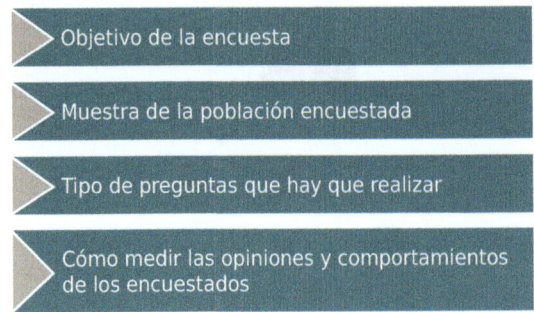

Objetivo de la encuesta

Muestra de la población encuestada

Tipo de preguntas que hay que realizar

Cómo medir las opiniones y comportamientos de los encuestados

Dependiendo de cuál sea la finalidad de la encuesta, existen dos tipos:

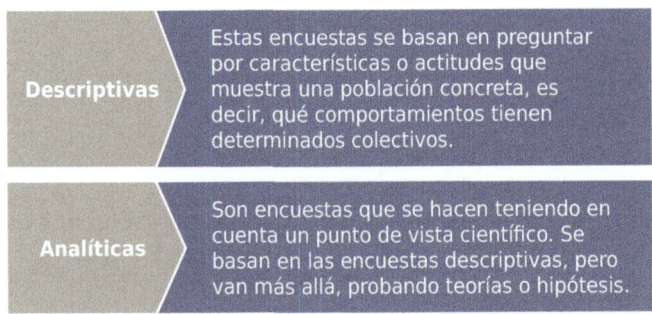

Descriptivas
Estas encuestas se basan en preguntar por características o actitudes que muestra una población concreta, es decir, qué comportamientos tienen determinados colectivos.

Analíticas
Son encuestas que se hacen teniendo en cuenta un punto de vista científico. Se basan en las encuestas descriptivas, pero van más allá, probando teorías o hipótesis.

Existen programas, aplicaciones o plataformas que permiten crear encuestas de diversos temas y hacen que los participantes puedan dejar sus votos de una manera fácil y rápida.

Para votar a través de la red, es necesario tener internet o redes telemáticas que permitan que las personas dejen su voto de forma automatizada. El sistema de votación podría permitir su encriptación o no, de forma que el resultado se transmite a unos servidores donde se registre el voto y se consoliden los resultados.

Para realizar votaciones o encuestas online la tecnología puede incluir sistemas que se puedan hacer tanto a través de teléfonos, ordenadores o cualquier tipo de dispositivo conectado en internet.

 ## APLICACIÓN PRÁCTICA

Eduardo necesita conocer cuáles son los hábitos de consumo de películas o televisión de un determinado colectivo de la sociedad, por ello va a realizar una entrevista *online* dirigida a un sector de bajos recursos, ya que no solo quiere saber si se consumen más o menos estos contenidos, si no que si el consumo de estos tiene implicaciones con su nivel económico. ¿Qué tipo de encuestas se adapta a sus necesidades?

Solución

Se trata de una encuesta descriptiva, ya que va a analizar el comportamiento ante un tema concreto de un determinado colectivo.

3.4. Plataformas de participación ciudadana

La participación ciudadana es el pilar en el que se sustenta un sistema democrático, ya que es el medio por el que los ciudadanos pueden poner denuncias, demandas o proyectos que afecten a la ciudadanía.

Las plataformas de participación ciudadana pueden ser utilizadas por cualquier ciudadano, ya que están abiertas a todo el mundo.

 **NOTA**

En España, existen plataformas digitales de participación ciudadana que se estructuran dependiendo del contexto y del modelo de participación.

En concreto, Naciones Unidas en 2013 definió la participación ciudadana digital como: "El proceso de involucrar a los ciudadanos a través de las TIC en la formulación de políticas, la toma de decisiones y el diseño y la prestación de servicios, de manera que sea participativa, inclusiva y deliberativa".

Cuando se decide hacer una estrategia de participación ciudadana hay que tener en cuenta qué herramientas se utilizan, siendo las siguientes las más utilizadas:

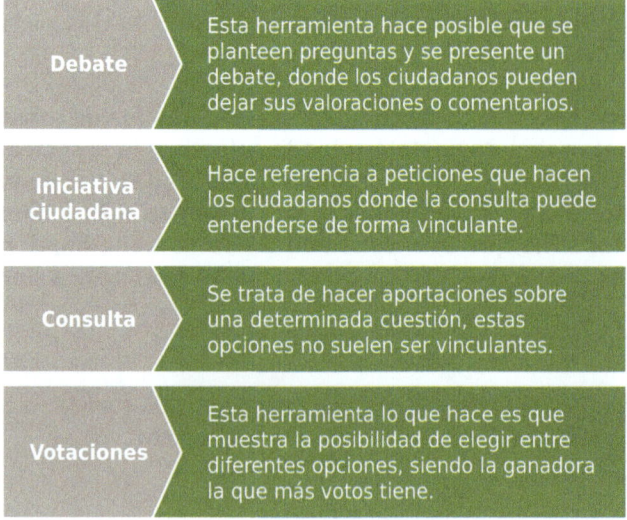

Dependiendo del contexto o de quién organice la consulta, la participación ciudadana es diferente, por lo que se hace importante que exista personalización durante todo el proceso de participación.

Adaptarse a cada contexto dentro de cada tipo de institución requiere que las plataformas de participación ciudadana sean flexibles y no se centren solo en llevar a cabo procesos que provengan de Administraciones públicas, en concreto, los ayuntamientos, que son los que más impulsan esta herramienta.

Cabe destacar que las plataformas para la participación ciudadana no solo se centran en las funciones que van directamente relacionadas con la misma, sino que también hay que detenerse en analizar elementos que a simple vista no se ven, pero que sin ellos no es posible que exista un proceso de planificación exitoso. Estos elementos pueden ser los siguientes:

Los procesos de participación necesitan de un sistema propio que se conecte a otro sistema y sea un elemento más del equipo tecnológico de una entidad.

En concreto, en las plataformas de participación existen una serie de elementos básicos, los cuales son:

4. Selección de herramientas para facilitar la democracia en red

 **HILO CONDUCTOR**

Internet es una gran herramienta para fomentar la democracia siendo todos los agentes de un país los encargados de que este funcione correctamente. Es el

Continúa en página siguiente >>

[117]

<< Viene de página anterior

caso de la empresa AUTOTIC, S. L., el departamento de calidad quiere que los consumidores perciban qué es la democracia en red y puedan facilitar cómo se lleva a cabo mediante un sistema de votación en su empresa.

- -

Con el auge y el avance de internet, las nuevas tecnologías de la comunicación (TIC) y las plataformas digitales se está cambiando el concepto que la ciudadanía tiene de la democracia presentando nuevas oportunidades, ya que tanto el Estado como toda la población deben adaptarse al uso de estas herramientas.

Los avances tecnológicos ofrecen variados beneficios que hacen consolidar y fortalecer la gobernabilidad democrática, siempre que estas herramientas se usen de forma eficiente y responsable.

DEFINICIÓN

Democracia en red

Se basa en que los ciudadanos utilicen las tecnologías para una finalidad colectiva enfocada a consolidar el sistema democrático.

- -

Las características que debe tener cualquier Estado que quiera aplicar la democracia en red para conseguir que esta sea efectiva son:

> Sistema democrático firme y consolidado.

> Economías crecientes.

> Garantizar el acceso a internet en óptimas condiciones.

> Fomentar el acceso a las nuevas tecnologías.

> Ciudadanos activos en internet.

Es fundamental que tanto los políticos como el personal funcionario y, en definitiva, todas las organizaciones políticas incentiven la participación ciudadana mediante una democracia digital.

Para conseguir que la democracia avance en la era digital del mismo modo que lo hacen los ciudadanos, es fundamental que exista:

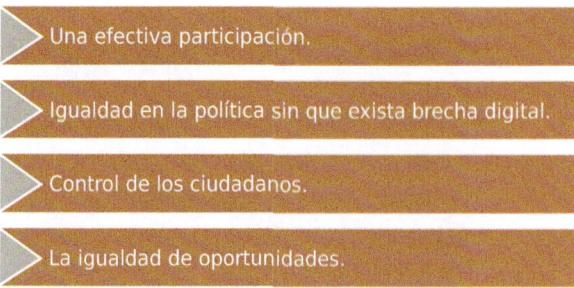

> Una efectiva participación.

> Igualdad en la política sin que exista brecha digital.

> Control de los ciudadanos.

> La igualdad de oportunidades.

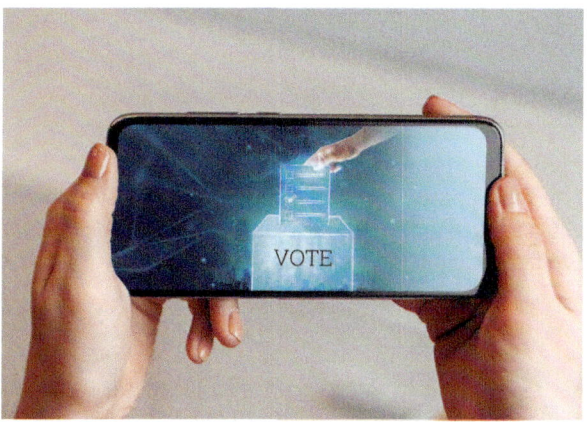

Cada vez es más usual que los ciudadanos accedan a internet y encuentren disponible información relacionada con la legislación, documentos, solicitudes o formularios. El servicio que se ofrece mediante internet es rápido y ofrece más opciones y mejores resultados para el conjunto de la comunidad.

4.1. Uso democrático de la tecnología

Para fomentar la democracia es fundamental que la ciudadanía pueda utilizar aplicaciones, redes sociales o cualquier tipo de tecnologías que ayuden a promover iniciativas de participación ciudadana, así como promover campañas para votar utilizando las redes sociales.

Las herramientas principales que se usan para fomentar la democracia digital son las redes sociales o internet, siendo estas opciones las utilizadas para llegar al público, ya que permiten realizar un debate e intercambiar ideas.

Digitalizar las plataformas democráticas es algo que cada vez está cogiendo mayor relevancia, pero hay que tener en cuenta que existen barreras que dificultan esta acción como son:

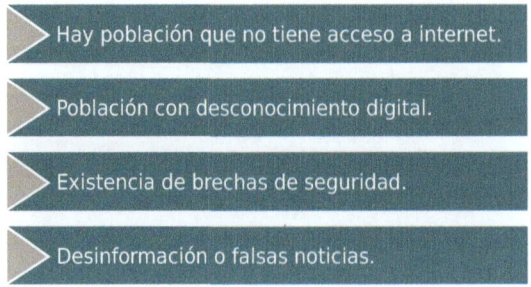

> Hay población que no tiene acceso a internet.

> Población con desconocimiento digital.

> Existencia de brechas de seguridad.

> Desinformación o falsas noticias.

 **SABÍAS QUE...**

En 2011 se creó una herramienta digital, *Open Government Partnership,* que engloba 75 países miembros y que trata de hacer más transparente, responsable y atractiva la participación de los ciudadanos.

Debido al avance de la tecnología a lo largo de todo el siglo XX y, sobre todo, gracias a la aparición de *World Wide Web,* las diferentes corrientes sociológicas expusieron qué debía aplicarse para propiciar una mejora en las democracias y aumentar la transparencia, sobre todo, gracias a la posibilidad de poder tener conectados a los gobernantes con el pueblo.

Son múltiples los beneficios que proporcionan las nuevas tecnologías, internet o las plataformas digitales y es fundamental que los diferentes estados lo aprovechen para favorecer a la sociedad en general. En concreto, el uso democrático de la tecnología aporta los siguientes beneficios:

➲ **Mejor acceso a las informaciones públicas.** El uso de internet ha permitido un mejor acceso a informaciones públicas, propiciando transparencia y acercamiento, ya que las tecnologías permiten que todo el mundo acceda a informaciones de interés público.

- **Minimizar la corrupción.** Con las nuevas tecnologías los gobiernos deben dar ejemplo de transparencia y deben poner a disposición de la ciudadanía la información necesaria, donde quedan claras sus cuentas. Además, la población política debe informar de cómo se financia su actividad y eso se consigue de forma adecuada con las tecnologías e internet.
- **Sociedad colaborativa.** Las sociedades deben tender a la participación activa de los ciudadanos, lo que implica la colaboración entre gobiernos y el pueblo para sacar adelante planes o proyectos públicos.
- **Democracia directa y deliberada.** Las nuevas tecnologías y las nuevas plataformas hacen posible la exposición de ideas y el conocimiento, lo que posibilita el debate público y la discusión de temas de interés.
- **Inclusión y minimización de la desigualdad.** Las nuevas tecnologías e internet permiten que cualquier individuo, sin importar sexo, raza, religión, etc., pueda opinar sobre un determinado tema o entrar en un debate, por lo que, gracias a la tecnología, se está construyendo una sociedad digital donde se integra mejor a los ciudadanos.
- **Modernización de las sociedades.** Que en el sector público se utilicen las nuevas tecnologías permite que se modernicen los Estados y hace que la gestión de estos sea más eficiente.

Tal y cómo dice David F. J. Campbell, 2013:

La democracia digital debería implicarse en el conocimiento de la democracia desde la perspectiva de una sociedad que evoluciona a nivel mundial en una arquitectura estratificada. Esto es global, transnacional, supranacional, nacional, subnacional y local.

SABÍAS QUE...

En España, existen plataformas ciudadanas como *Newtral* o *Maldita.es,* dedicadas a desmentir las *fakenews.* Estas plataformas intentan detectar mentiras sobre los gobernantes, para que exista una relación mejor entre estos y los ciudadanos.

ACTIVIDAD COMPLEMENTARIA

8. Busca información sobre las plataformas ciudadanas. ¿Existe alguna en España?

4.2. Conceptos de privacidad de datos personales, derechos digitales y *software* libre

Navegar por la web requiere que los ciudadanos sepan cómo pueden usar sus datos personales y que puedan tener la garantía de que estos serán tratados con privacidad.

 **DEFINICIÓN**

Dato personal
Cualquier tipo de información relacionada directamente con una persona física que sea capaz de identificarla, por ejemplo: el nombre, edad, domicilio, DNI, etc.

Los datos personales se dan con mucha facilidad en el entorno web, por ello es necesario que existas una regulación, en España, la norma que regula la protección de datos personales es la Ley Orgánica 3/2018, de 5 de diciembre, de Protección de Datos Personales y garantía de los derechos digitales.

Esta ley tiene como objeto garantizar los derechos digitales de la ciudadanía conforme al mandato establecido en el artículo 18.4 de la Constitución.

Internet se ha convertido en una herramienta de uso diario, presente en la vida personal y colectiva de los ciudadanos, debido a que gran parte de la actividad profesional y social se desarrolla mediante la red. Todo ello tiene multitud de ventajas, pero también riesgos.

Son los poderes públicos los que deben desarrollar políticas que hagan preservar los derechos de las personas en internet o hacer posible el ejercicio de derechos fundamentales dentro de la sociedad digital.

Las medidas generales que todo ciudadano debe conocer para proteger sus datos son:

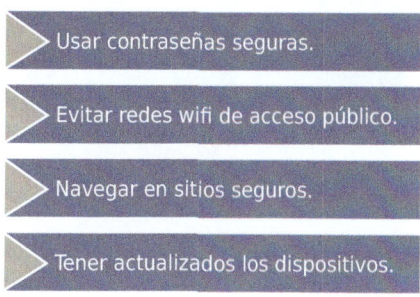

> Usar contraseñas seguras.

> Evitar redes wifi de acceso público.

> Navegar en sitios seguros.

> Tener actualizados los dispositivos.

Los derechos digitales son, por su parte, aquellos que hacen que todas las personas puedan acceder y usar los medios digitales. Están íntimamente ligados a los derechos de libertad de expresión, pero también al derecho de privacidad. En concreto, los derechos digitales están divididos en los siguientes sectores:

- ⊃ **Derechos de libertad.** Se trata de garantizar a los ciudadanos sus derechos y libertades en el entorno digital, como el derecho a la intimidad, a la protección de sus datos, al pseudonimato. También están el derecho de la persona a no ser localizada y perfilada, el de ciberseguridad, así como el derecho a la herencia digital.
- ⊃ **Derechos de igualdad.** Los ciudadanos en la red deben tener derecho a la igualdad y a no ser discriminados en el entorno digital y tener acceso a internet, sin que existan brechas de ningún tipo.
- ⊃ **Derechos de participación del espacio público.** Los ciudadanos tienen derecho a la neutralidad en internet, a expresarse e informar libremente y también a recibir información cierta. Además, se debe garantizar la participación ciudadana a través de medios digitales y las relaciones con las Administraciones públicas.

Otro concepto importante es el de ***software* libre,** que consiste en que los ciudadanos deben tener libertad de utilizar un *software,* así como de ejecutarlo, usarlo, copiarlo o distribuirlo.

Los *softwares* libres más utilizados son:

Estos *softwares* son tanto navegadores, como sistemas de bases de datos, almacenamiento o herramientas de edición y elaboración de contenidos.

Un software libre es el que puede ejecutarse cuando se desee y el que permite al que lo usa poder estudiar cómo funciona, cambiarlo o configurarlo para que haga de forma automatizada determinadas acciones que faciliten el trabajo. Además, permite poder copiarlo y distribuirlo en todas sus versiones.

PARA SABER MÁS

El Gobierno de España ha redactado una guía donde se pueden ver los derechos digitales que tiene todo ciudadano. Puedes acceder a ella desde aquí:

Continúa en página siguiente >>

<< Viene de página anterior

https://redirectoronline.com/fcoi200302

4.3. Prácticas democráticas tecnológicas

La práctica democrática tecnología hace referencia a la capacidad que tiene la población política para solventar problemas que surgen del uso de las nuevas tecnologías, conocido también como **democracia digital.**

 **NOTA**

Los aspectos básicos para que exista una democracia es que haya un debate abierto y sea posible intercambiar opiniones, estas dos premisas son posibles gracias al libre tránsito de información en internet y redes sociales.

Las tecnologías deben ser utilizadas por los gobiernos para mejorar sus sistemas de gestión, ya que ayudan a la administración y supervisión de las áreas financieras, impositivas, sociales o recursos humanos. Además, gracias al uso de las tecnologías en la democracia se puede implementar un nuevo sistema de comunicación con los ciudadanos.

Gracias a la tecnología, se aumenta la capacidad y la eficacia de los gobiernos, puesto que hace posible tanto prohibir como alentar actos o actitudes que les salgan rentables a los políticos.

Las TIC están moldeadas por toda la sociedad, incluida la clase política.

Los desarrollos en la tecnología tienen un gran potencial democrático. Conectar tecnología y democracia hace posible que puedan relacionarse diferentes usuarios y contenidos, desarrollando la idea de que los principios democráticos deben estar vinculados a la tecnología.

4.4. Funcionamiento de los mecanismos y plataformas de participación ciudadana

Que exista participación ciudadana es algo fundamental y está reconocido como derecho fundamental en la Constitución española, en la que se expone que los poderes públicos tienen la obligación de facilitar la participación de todos los ciudadanos en la vida política, económica, social y cultural.

Los mecanismos que promueven la participación ciudadana son:

- **Iniciativa legislativa.** Consiste en proporcionar potestad constitucional a los órganos de un Estado o territorio, que le permiten iniciar un procedimiento correcto y válido para poder llevar a cabo la aprobación, modificación o derogación de una ley.
- **Referéndum.** Es el procedimiento oficial mediante el que se realizan las votaciones del pueblo sobre algún tema de interés, como leyes o actos administrativos.
- **Derecho a realizar peticiones a las Administraciones públicas.** Los ciudadanos tienen derecho a poder acudir a los diferentes órganos de las Administraciones públicas tanto para hacer cualquier petición, como para recurrir determinadas decisiones que se adopten. Para poder ejercitar este derecho, el gobierno pone a disposición instrumentos desde la sede electrónica.

En nuestro país han surgido muchos mecanismos que permiten la participación ciudadana. En concreto, las herramientas que hacen posible la existencia de plataformas de participación ciudadana son:

Que las audiencias sean públicas
Esto es contar con instancias formales donde los ciudadanos pueden dejar sus propuestas o realizar reclamaciones ante los organismos oficiales.

Elaboración de los presupuestos participativos
Permite que los ciudadanos puedan decidir dónde van a ir parte de los recursos públicos.

Desarrollo de propuestas ciudadanas
Mediante esta herramienta los ciudadanos pueden presentar propuestas de ley ante los diferentes órganos legislativos.

5. Participación en procesos de transformación digital en laboratorios de innovación

☞ HILO CONDUCTOR

La empresa AUTOTIC, S. L. quiere formar parte de procesos de transformación digital en laboratorios de innovación, pero desconoce cuáles son las ventajas de trabajar mediante este tipo de iniciativas.

Internet y las nuevas tecnologías han favorecido los procesos de transformación digital, impulsando que las organizaciones sean más eficientes y tengan mejor acceso a nuevas oportunidades de mercado.

DEFINICIÓN

Transformación digital

Proceso mediante el cual las organizaciones, empresas o instituciones evolucionan hasta llegar a la digitalización de sus procesos e inclusión de herramientas tecnológicas en todas sus áreas.

- -

Para que la transformación digital se produzca es esencial el uso de herramientas tecnológicas, pero esta transformación no se producirá si no existe un cambio cultural, por ello es fundamental que exista conciencia social sobre la importancia de analizar constantemente la organización para así detectar cuáles son los problemas, cómo se pueden solventar y qué oportunidades existen.

Para que se haga efectiva la transformación digital es necesario que exista una estrategia que englobe todas las áreas de la organización. Es un proceso que puede ser algo complicado, pero si se tiene presente que lo que se persigue es una nueva cultura digital, se podrán conseguir muchos beneficios, entre ellos, están los siguientes:

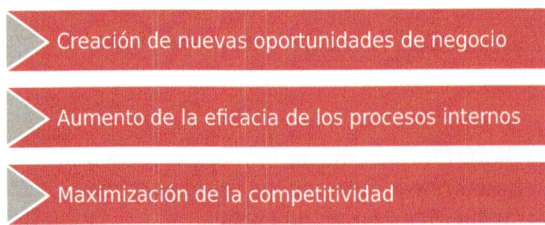

Creación de nuevas oportunidades de negocio

Aumento de la eficacia de los procesos internos

Maximización de la competitividad

5.1. Concepto de laboratorios de innovación

Contar con un laboratorio de innovación es tener un espacio donde intercambiar conocimientos y crear nuevas ideas. En definitiva, se trata de fomentar la innovación en una organización, teniendo espacios o lugares donde desarrollar la creatividad y ser colaborativos.

Para poder tener un laboratorio de innovación es esencial que exista un equipo de trabajo que esté orientado a innovar, por ello deben ser personas arriesgadas, con imaginación y creatividad.

Mediante el laboratorio de innovación se busca crear nuevos productos o servicios, ya que tener un espacio donde únicamente se permite la innovación aporta ventajas en la empresa, desarrollando una cultura donde la comunicación es fundamental y donde se transmiten conocimientos en cada uno de los proyectos para que tenga lugar una cultura de innovación organizacional.

Lo que hacen las personas que forman parte de un laboratorio de innovación es buscar soluciones empresariales mediante prototipos que estén al alcance de todas las organizaciones. Además, se permite cometer errores, ya que de estos se aprende y, gracias a ellos, se puede encontrar la mejor solución, lo que garantiza que los proyectos tengan una buena acogida por parte de la población.

 IMPORTANTE

Conviene destacar que sin poder experimentar no hay innovación y sobre esa premisa es desde donde se asientan los laboratorios de innovación de transformación digital.

Los laboratorios de innovación digital hacen posible el desarrollo de un proyecto donde se unan trabajadores especializados, los cuales actuarán en la transformación digital realizando experimentos innovadores. En estos espacios lo que se busca es desarrollar productos y servicios digitales.

 PARA SABER MÁS

Desde el Centro de la Imagen y la Tecnología Multimedia (CITM) y la Agencia Catalana del Patrimonio Cultural (ACPC) del Departamento de Cultura se ha

Continúa en página siguiente >>

<< Viene de página anterior

puesto en marcha Giravolt Crea Lab, un laboratorio de innovación digital del patrimonio. Accede desde aquí para verlo:

https://redirectoronline.com/fcoi200303

Tradicionalmente, los laboratorios digitales se basaban en una innovación cerrada, donde las organizaciones solo invertían en I+D (**investigación y desarrollo**) sin compartir los conocimientos o avances con ninguna otra compañía, pero esto ha evolucionado hacia un tipo de innovación abierta, donde se pretende innovar teniendo en cuenta la colaboración entre personas y equipos e, incluso, entidades externas.

👁 EJEMPLO

Un ejemplo destacado es el de Domino's Pizza, ya que gracias a su proceso de transformación digital pudo ver incrementados sus beneficios, tras un período de fuertes descensos de sus cotizaciones en bolsa.

El proceso de transformación digital consistía en mejorar la carta de productos, optimizar sus procesos y mejorar el servicio de compra *online.* Lo que esta compañía hizo fue implantar un sistema de gestión y recogidas de pedidos multiplataforma que se adaptaba a muchos dispositivos, pudiendo así, mediante una aplicación, pedir los productos desde las redes sociales, el coche, Smart TV, asistentes virtuales como *Alexa, Smart Watches* o su propia *app.*

A su vez, se desarrolló un sistema para el seguimiento de los pedidos en tiempo real, que buscaba ofrecer un servicio al cliente de calidad.

ACTIVIDAD COMPLEMENTARIA

9. Busca en internet algún ejemplo de una empresa que haya realizado una transformación digital y determina qué beneficios ha obtenido gracias a este cambio.

5.2. Tecnologías digitales en las prácticas, procesos, productos y funcionalidades de empresas e instituciones

Las tecnologías digitales están en continua evolución, esto hace que las organizaciones quieran contar con las últimas versiones para poder impulsarse y crecer adecuadamente. No obstante, no solo basta con adquirir tecnologías de última generación, sino que es necesario implementar herramientas que sean adecuadas a cada tipo de organización.

IMPORTANTE

Para que la transformación digital sea una estrategia de éxito es necesario que se seleccione la tecnología digital adecuada. Para ello, es fundamental conocer las tendencias en cuanto a tecnología digital se refiere e identificar cuál puede ser la mejor para resolver los problemas y cubrir los objetivos de cada organización.

En concreto, existen diferentes tipos de tecnologías digitales que se utilizan en las prácticas, procesos, productos y funcionalidades de empresas e instituciones, estas son:

- **Inteligencia artificial (IA).** Es una variante informática que se basa en crear sistemas que puedan hacer tareas de razonamiento o aprendizaje de forma automática.
  Esta tecnología es fundamental para la transformación digital, puesto que con ella se puede realizar tareas concretas que, normalmente, las llevan a cabo personas. Esta tecnología permite a las organizaciones crear contenido de forma rápida como vídeos, imágenes, audio o textos.
- **Internet de las cosas (IoT).** Hace referencia a la tecnología que conecta dispositivos en red y la nube. En concreto, es la interconexión de internet

con dispositivos como teléfonos, televisores, relojes inteligentes o electrodomésticos. Mediante esta tecnología, se trabaja con rapidez y permite a las organizaciones recuperar datos en tiempo real, conectarse vía remoto, así como optimizar recursos.

⊃ ***Cloud computing.*** Se trata de tener servicios en la nube, es decir, almacenar información en la nube desde cualquier lugar de forma segura y mediante accesos fáciles.

⊃ **Automatización robótica de procesos (RPA).** Es una tecnología que permite crear robots que repiten tareas a través de las acciones digitales de los seres humanos. Funciona mediante un *software* que hace que se realicen acciones repetitivas que realizan, normalmente, las personas.

 APLICACIÓN PRÁCTICA

Eduardo, tiene una empresa que ofrece equipos y soluciones informáticas y ha implementado en su empresa una tendencia tecnológica de transformación digital, donde ha conseguido alojar varias de sus aplicaciones y servicios en la nube. Gracias a este sistema, consiguió optimizar los recursos y aumentar sus beneficios. ¿Qué tipo de tecnología se está aplicando?

Solución

Cloud computing hace posible alojar servicios en la nube optimizando y almacenando grandes volúmenes de datos.

5.3. Tipologías de laboratorios de innovación

En los laboratorios de innovación es donde las organizaciones pueden crear oportunidades de negocio desarrollando ideas y procesos con la finalidad de que se generen beneficios.

Para crear el laboratorio de innovación, es necesario crear equipos de trabajo que fomenten la innovación y la creatividad colectiva, incentivando los puntos positivos de cada miembro.

Hay diferentes tipos de laboratorios de innovación, aunque en la mayoría se utiliza un conjunto de varias tecnologías, pero los que más se crean son:

- **Laboratorios temáticos.** Son aquellos que están basados en un sector o en una temática concreta. Por ejemplo, un laboratorio de innovación deportiva, donde se promueva la cultura del deporte y se crean valores participativos en actividades deportivas.
- **Laboratorios públicos.** Son aquellos que son de las Administraciones públicas colaboran con las empresas o ciudadanos desarrollando sectores emergentes. Por ejemplo, un laboratorio de sanidad pública, donde se analizan, recopilan y procesan datos y resultados de interés relacionados con la sanidad pública, con la finalidad de tomar decisiones para controlar y mejorar este servicio para los ciudadanos.
- **Laboratorios corporativos.** Son aquellos en los que la propia empresa impulsa innovaciones de forma más ágil. Por ejemplo, contar con un espacio donde se desarrollen nuevos productos y los expertos en tecnología puedan probarlos con los clientes, para así conocer de primera mano su opinión.
- *Impact Labs.* Son laboratorios que están gestionados por iniciativas ciudadanas privadas que fomentan temas de interés social y comunitario. Por ejemplo, una incubadora impulsada por una empresa privada donde se promueve innovación social, es decir, utilizar recursos empresariales privados para resolver un determinado problema social.
- **Laboratorios de investigación y emprendimiento.** Son aquellos que dependen de las universidades o centros de investigación o formación. Por ejemplo, un espacio dedicado al fomento y desarrollo de ideas que promueve una universidad sobre un tema de investigación concreto.

5.4. Formas de participación

Se entiende por *participar* cuando una persona toma parte en una cosa o tema concreto, es decir, es la capacidad de intervenir o compartir en un proceso concreto.

Según como definió Roger Hart la participación en 1993, es: "La capacidad para expresar decisiones que sean reconocidas por el entorno social y que afectan a la vida propia y/o a la vida de la comunidad en la que uno vive".

En concreto, existen cuatro formas de participación como son:

- **Participación ciudadana.** Es la que toma partido en temas de interés de los ciudadanos, es decir, sociales o públicos.

- **Participación política.** Es la que sienta las bases de un sistema democrático y consiste en la capacidad de cualquier ciudadano de elegir en la designación de los gobernantes.
- **Participación social.** Por su parte, este tipo de participación es aquella en la que los ciudadanos se implican en temas de la sociedad civil, defendiendo sus intereses, representando sus ideas, las cuales buscan mejorar las condiciones de un determinado colectivo social.
- **Participación comunitaria.** Se define como aquella participación que se desarrolla por sectores de la comunidad y que lucha por solucionar unas necesidades específicas del grupo o sector comunitario.

Estos tipos de participación pueden diferenciarse entre **públicos y privados,** englobándose de la siguiente forma:

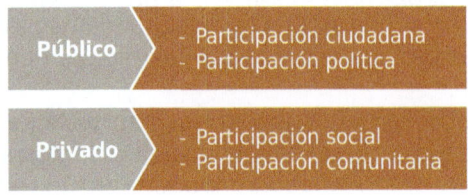

6. Resumen

El desarrollo de las tecnologías ha cambiado la forma que tienen los ciudadanos de ver la vida y de relacionarse, es decir, se ha creado una nueva cultura, como es la digital y tecnológica.

Al hablar de cultura digital nos referimos a dos enfoques:

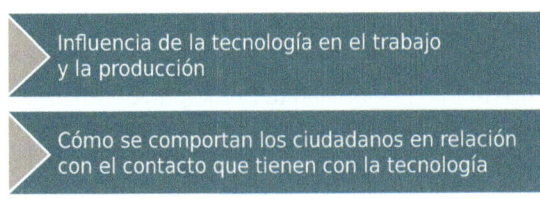

Es fundamental tener presente que la cultura digital ayuda a que siga existiendo una transformación digital y para que sea efectiva es fundamental contar con los siguientes elementos:

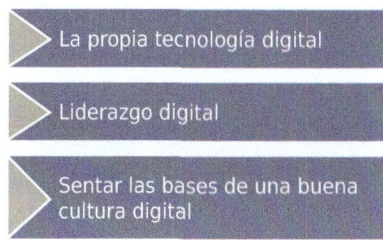

La transformación digital ayuda a desarrollar proyectos culturales y tecnológicos de interés social, ofreciendo multitud de ventajas cómo:

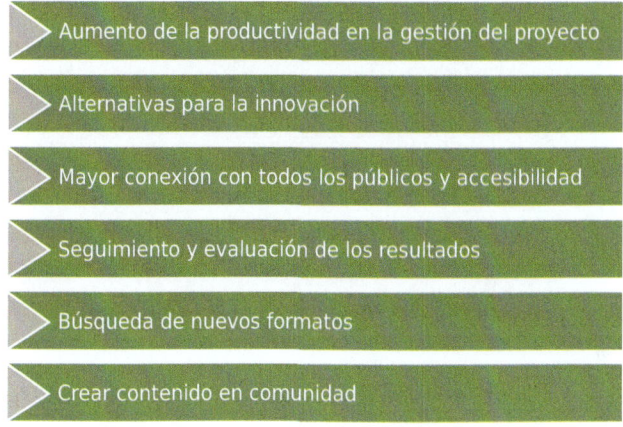

Existen herramientas en el entorno de las redes sociales que permiten fomentar la participación ciudadana como son:

Dependiendo de cuál sea la finalidad de la encuesta, existen dos tipos:

Las plataformas de participación ciudadana pueden ser utilizadas por cualquier ciudadano, ya que están abiertas a todo el mundo.

Cuando se decide hacer una estrategia de participación ciudadana hay que tener en cuenta qué herramientas se utilizan, siendo las siguientes las más utilizadas:

Las características que debe tener cualquier Estado que quiera aplicar la democracia en red y hacer que esta sea efectiva son:

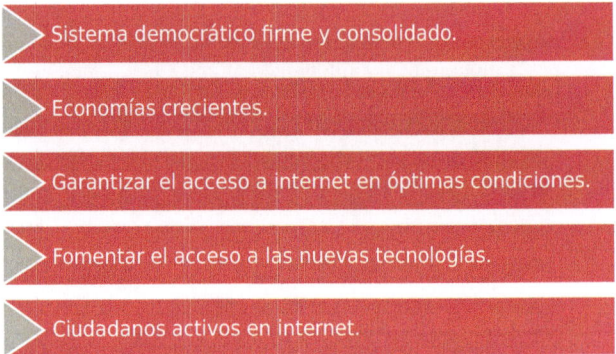

Los mecanismos que promueven la participación ciudadana son:

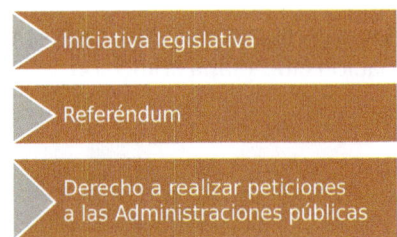

La transformación digital se considera como un proceso mediante el cual las organizaciones, empresas o instituciones evolucionan hasta llegar a la digitalización de sus procesos e inclusión de herramientas tecnológicas en todas sus áreas.

Existen unas tecnologías digitales que se utilizan en las prácticas, procesos, productos y funcionalidades de empresas e instituciones, estás son:

Los diferentes tipos de laboratorios de innovación, aunque la mayoría son un conjunto de varias tecnologías, pero los que más se crean son:

Existen 4 formas de participación como son:

Participación ciudadana	Participación política	Participación social	Participación comunitaria

Ejercicios de autoevaluación
Unidad de Aprendizaje 3

1. ¿Mediante que sistema es posible interactuar e intercambiar información entre personas utilizando internet?

    a. WWW
    b. TIC
    c. Red social
    d. Todas las opciones son incorrectas.

2. Determina si la siguiente oración es verdadera o falsa: "Llevar a cabo técnicas de cultura digital, ha hecho imposible el cambio de cómo se acceden a los productos y servicios financieros."

    ■ Verdadera
    ■ Falsa

3. ¿En qué sectores pueden influir las personas cuando hablamos de participación ciudadana?

    a. Vida política
    b. Vida social
    c. Vida económica
    d. Todas las opciones son correctas.

4. ¿Qué herramienta permite realizar consultas a través de las redes sociales o plataformas digitales, además de permitir que el ciudadano apoye o rechace una determinada iniciativa?

    a. Encuestas *online*
    b. Debates *online*
    c. Peticiones *online*
    d. Todas las opciones son incorrectas.

5. Determina si la siguiente oración es verdadera o falsa "Los socio-gramas aportan información sobre qué puede ayudar a consolidar formas de contacto eficaces, así como, mejorar la participación de los miembros del grupo en las iniciativas o promover una cultura de creatividad."

   ■ Verdadera
   ■ Falsa

6. ¿Qué es una encuesta en línea?

   a. Una encuesta telefónica donde se responden a 5 o más pre-guntas.
   b. Una encuesta *online* donde se responden a 5 o más preguntas.
   c. Una encuesta *online* donde se responden a 1 o 2 preguntas.
   d. Una encuesta telefónica donde se responden a 1 o 2 preguntas.

7. ¿Qué tipo de plataforma digital de participación ciudadana utiliza la herramienta que muestra la posibilidad de elegir entre diferentes opciones?

   a. Debates
   b. Votaciones
   c. Consultas
   d. Iniciativas ciudadanas

8. ¿Qué es fundamental que no exista para conseguir que la democracia avance en la era digital, del mismo modo que lo hacen los ciudadanos?

   a. Efectiva participación.
   b. Igualdad en la política sin que exista brecha digital.
   c. Garantizar la igualdad de oportunidades.
   d. Descontrol a los ciudadanos.

9. ¿Cuál de los siguientes no es un beneficio del uso democrático de la tecnología?

   a. Mejor acceso a las informaciones públicas.
   b. Maximiza la corrupción.

c. Sociedad colaborativa.
d. Democracia directa y deliberada.

10. **Determina si la siguiente oración es verdadera o falsa: "Los sociogramas aportan información sobre qué puede ayudar a consolidar formas de contacto eficaces, así como, mejorar la participación de los miembros del grupo en las iniciativas o promover una cultura de creatividad. Para crear el laboratorio de innovación, es necesario crear equipos de trabajo que fomenten la innovación y la creatividad colectiva, incentivando los puntos positivos de cada trabajador".**

   ■ Verdadera
   ■ Falsa

Glosario

Asertividad laboral
Es una forma de comunicarse donde el trabajador da su punto de vista de forma firme, pero respetuosa y sin ser grosero, ni mal educado, de manera que el resto de los participantes reciben la información de forma de forma cordial.

Automatización
Realizar tareas repetitivas de forma sencilla, mediante el uso de la tecnología.

Automatización robótica de procesos (RPA)
Es una tecnología que permite crear robots que repiten tareas a través de las acciones digitales de los seres humanos.

Aviso legal
En él se detallan los términos y condiciones de uso, es decir, debe aparecer el objetivo de la página o red social, su contenido y cómo funciona.

Base de datos
Conjunto de datos determinados que se almacenan de forma electrónica. Los datos pueden ser de cualquier tipo, como números, imágenes, palabras, vídeos, documentos, archivos, etc.

Blog
Página web o sitio web personal donde se puede publicar cualquier información que una persona quiera transmitir o comunicar.

Ciberseguridad
Es la seguridad informática que permite proteger tanto aplicaciones, *software,* equipos redes y datos en el entorno digital.

Cloud computing
Se trata de tener servicios en la nube, es decir, se puede almacenar información en la nube, desde cualquier lugar de forma segura y mediante accesos fáciles.

CMS
Son sistemas de gestión de contenidos, donde se gestiona la subida de contenidos, bien en una intranet o de un *e-commerce*.

Community manager
Es la persona que se encarga de realizar, administrar y coordinar una comunidad *online*.

Comunicación digital
Se desarrollará la estrategia de publicidad, promoción e información, así como el incremento del consumo del producto o servicio a comercializar.

CRM
Siglas de *Customer Relationship Management*, cuyo significado es gestión de relación con los clientes.

Dato personal
Cualquier tipo de información relacionada directamente con una persona física que sea capaz de identificarla, por ejemplo: el nombre, edad, domicilio, DNI, etc.

Democracia en red
Se basa en que los ciudadanos utilicen las tecnologías para una finalidad colectiva enfocada a consolidar el sistema democrático.

E-mail marketing
Tipo de *marketing* basado en el envío masivo de correos electrónicos a los contactos que hay en una base de datos.

Encuesta en línea
Tipo de encuesta que se realiza de forma *online* y pretende que los ciudadanos den su opinión sobre un tema concreto proponiendo una o dos preguntas que se responden.

Engagement
Grado de compromiso, entusiasmo y lealtad que tiene una audiencia con una marca, producto o empresa.

ERP
Son sistemas de planificación de recursos empresariales que se utilizan en la administración de los diferentes procesos de una empresa, como producción logística, distribución, facturación o contabilidad.

Escucha activa
Es la forma de escuchar mostrando interés en lo que dicen los demás, para ello hay que estar atento y con plena conciencia de lo que la otra persona dice.

Globalizado
Se refiere al entorno de integración del comercio electrónico de las economías de todo el mundo, así como a las economías y flujos financieros.

Insights
Son comunidades donde se incluyen determinados clientes que suelen tener una relación de tiempo con la empresa o la marca.

Inteligencia artificial (IA)
Es una variante informática que se basa en crear sistemas que puedan hacer tareas de razonamiento o aprendizaje de forma automática.

Internet
Es la base de la cultura digital, ya que a través de este sistema es por donde se intercambian los datos por todo el mundo.

Internet de las cosas (IoT)
Hace referencia a la tecnología que conecta dispositivos en red y la nube.

Marketing de contenidos
Tipo de marketing que crea contenido de importancia para el público objetivo, publica y distribuye dicha información con la finalidad de atraer nuevos clientes.

Marketing digital
Es la estrategia comercial o de publicidad que se desarrolla mediante internet. Es decir, busca llegar a la audiencia o público objetivo a través de internet. Se consigue analizando el mercado e identificando las oportunidades de venta.

Newsletter
Es un tipo de folleto que se envía por correo electrónico a una lista de individuos interesados o a la base de datos de una empresa para informar sobre noticias de interés, ofertas, artículos nuevos, novedades, etc. Esta comunicación se hace con cierta periodicidad (mensual, anual, semanal, etc.).

Pizarras interactivas
Son herramientas virtuales que ayudan a sintetizar la información y a retener el conocimiento de las ideas expuestas en una reunión a través del uso de pantallas de ordenador conectadas a un proyector.

Plan de comunicación

Es donde se plasma la estrategia de comunicación que hay que seguir para captar la atención del público objetivo, dejando reflejado el mensaje a difundir, los canales de comunicación y a quién va a ir dirigido.

Política de *cookies*

Es un texto que debe aparecer siempre que el entorno web tenga *cookies*. Por su parte, las *cookies* son como archivos de texto que se pueden instalar en el navegador y se guardan en el ordenador al utilizar determinadas páginas o sitios webs, lo que hace que se analicen las preferencias de los usuarios y se realice un seguimiento.

Política de privacidad

Debe detallar cómo se obtienen y se tratan los datos de los usuarios. Es como un contrato, donde la entidad o empresa indica el uso que se dará a la información y el usuario debe dar su consentimiento.

Público objetivo

Se refiere al conjunto de personas que una empresa considera que pueden estar interesadas en adquirir los productos o servicios que ofrece y de convertirse en clientes finales.

Referéndum

Es el procedimiento oficial mediante el que se realizan las votaciones del pueblo sobre algún tema de interés como leyes o actos administrativos.

Search Engine Optimization (SEO)

Hace referencia al posicionamiento en buscadores, es decir, consiste en buscar la mejor posición de una página web cuando se busca por palabras.

Sincrónica

Que sería una herramienta de comunicación instantánea, como una conversación cara a cara, los mensajes instantáneos o cualquier otra comunicación que se realice en tiempo real.

Sistemas ERP

Son sistemas de planificación de recursos empresariales que se utilizan en la administración de los diferentes procesos de una empresa como producción logística, distribución, facturación o contabilidad.

Sociograma

Gráfico que explica cómo se relacionan los grupos sociales, es decir, cuáles son los vínculos sociales que unen a las personas.

Software
Programa informático que está formado por el conjunto de componentes necesarios para realizar una serie de tareas concretas mediante el uso del ordenador.

TIC
Tecnologías de la información y la comunicación, se refiere a los instrumentos o herramienta que hacen que la información se transmita a cualquier lugar del mundo.

Videoconferencia
Contar con este tipo de sistemas, ayuda a minimizar gastos en viajes de negocios, ahorrar tiempo en desplazamientos y aumentar la colaboración de los equipos de trabajo entre proyectos.

World Wide Web
Es lo que llamamos WWW o lo que interiorizamos como documentos, textos, fotos, etc. que requieren el uso, o no, de internet.

Bibliografía

Monografías

→ LAZO Marta C., CABELAS Barroso J. A., OSUNA Acedo S.: *Comunicación digital un modelo basado en el Factor R-Elacional*. Barcelona: Universitat Oberta de Catalunya, Editorial UOC, 2016.

> Libro que desarrolla el papel de las Tecnologías de la relación, información y comunicación (TRIC) y el factor relacional en la educomunicación.

→ MITCHELSTEIN, Eugenia J. y BOCZKOWSKI, P.: *Entorno digital*. Argentina: Siglo XXI, 2022.

> Libro que recoge cuáles son las principales características del entorno digital y hasta qué punto nos viene dado por completo y cuáles son los márgenes para intervenir sobre él.

→ VV. AA.: *Sociedad Digital en España*. Madrid: Taurus, 2019.

> Libro que refleja una investigación con datos sólidos el grado de evolución de la transformación digital de nuestro país.

Textos electrónicos, bases de datos y programas informáticos

→ 10 herramientas de trabajo colaborativo indispensables en entornos digitales, de: <https://www.inesdi.com/blog/herramientas-trabajo-colaborativo/>.

> Artículo que muestra herramientas de trabajo colaborativo que se pueden utilizar en entornos digitales.

→ Jóvenes comprometidos en la red: El papel de las redes sociales en la participación social activa, de: <https://www.revistacomunicar.com/index.php?contenido=detalles&numero=43&articulo=43-2014-03>

> Este trabajo analiza el papel que las redes sociales juegan en la movilización ciudadana, social y solidaria de los jóvenes españoles.

→ ¿Qué es la curación de contenidos y qué herramientas usar?, de:
   <https://www.webempresa.com/blog/curacion-de-contenidos.html>.

> Artículo que muestra los aspectos y las ventajas más destacadas de la curación de contenidos.